ATELIÊ DO PENSAMENTO SOCIAL

A PESQUISA SOBRE O BRASIL NO EXTERIOR

BERNARDO BUARQUE DE HOLLANDA
JOÃO MARCELO EHLERT MAIA
(ORG.)

ATELIÊ DO PENSAMENTO SOCIAL

A PESQUISA SOBRE O BRASIL NO EXTERIOR

FGV EDITORA

FAPESP

CAPES

Direitos desta edição reservados à
Editora FGV
Rua Jornalista Orlando Dantas, 37
22231-010 | Rio de Janeiro, RJ | Brasil
Tels.: 0800-021-7777 | 21-3799-4427
Fax: 21-3799-4430
editora@fgv.br | pedidoseditora@fgv.br
www.fgv.br/editora

Impresso no Brasil | Printed in Brazil

Coordenação editorial e copidesque: Ronald Polito
Revisão: Clarisse Cintra e Marco Antonio Corrêa
Capa e diagramação: Ilustrarte Design e Produção Editorial
Imagem da capa: the palms | Shutterstock.com

Ficha catalográfica elaborada pela
Biblioteca Mario Henrique Simonsen/FGV

Ateliê do pensamento social: a pesquisa sobre o Brasil no exterior / Bernardo Buarque de Hollanda, João Marcelo Ehlert Maia (Org.). — Rio de Janeiro : FGV Editora, 2017.
148 p.

Trabalhos apresentados na quinta edição do Ateliê do Pensamento Social, realizada nos dias 10 e 11 de setembro de 2015, na Escola de Economia da Fundação Getulio Vargas.
Inclui bibliografia.
ISBN: 978-85-225-1968-2

1. Estudos brasileiros. 2. Brasil — Historiografia. I. Hollanda, Bernardo Borges Buarque de, 1974- . II. Maia, João Marcelo Ehlert. III. Fundação Getulio Vargas.

CDD – 907.2

Sumário

Apresentação

A PRESENTE coletânea traz um apanhado dos dois dias de realização do V Ateliê Internacional do Pensamento Social, ocorrido em setembro de 2015. O evento foi realizado pela primeira vez em São Paulo, na sede da Fundação Getulio Vargas, no bairro Bela Vista, centro da cidade. As edições anteriores ocorreram no Rio de Janeiro.

A iniciativa dos pesquisadores do Laboratório de Pensamento Social (Lapes-FGV/CPDOC) pôde ser concretizada graças aos auspícios da Fundação de Amparo à Pesquisa do Estado de São Paulo (Fapesp) e da Coordenação de Aperfeiçoamento de Pessoal de Nível Superior (Capes), que apoiaram com recursos financeiros o encontro, ensejando a vinda de três professores, que se deslocaram especialmente dos Estados Unidos e da Inglaterra para participar das mesas.

A edição ocorreu nos dias 10 e 11 de setembro, no prédio da Escola de Economia da Fundação (Eesp-GV), com a reunião dos pesquisadores convidados internacionais, a que se somaram docentes, discentes de pós-graduação, alunos de graduação de administração pública da GV-SP, além do público interessado em geral, inscrito para o primeiro dia de palestras.

O Ateliê contou com a presença de inscritos que submeteram e que tiveram seus projetos selecionados, procedentes de diversos estados do país, entre os quais se pode mencionar: Amazonas, Goiás, Paraná e Rio de Janeiro. Mestrandos e doutorandos de universidades do interior de São Paulo, mormente de cidades como Campinas e São Carlos, também compareceram.

Desde 2011, o objetivo do encontro, promovido pelo Lapes (CPDOC), tem sido o de oferecer uma oportunidade de reflexão coletiva sobre a metodologia e as estratégias de pesquisa e leitura em pensamento social, área consolidada nas últimas três décadas no interior da

Anpocs e que, em 2015, em sua 39ª edição, contou com dois GTs, um dedicado a Brasil e outro a América Latina.

Como é sabido, essa área reúne pesquisadores de história e ciências sociais que têm interesse em discutir ideias, intelectuais, textos e contextos. No caso do Ateliê, a cada edição, um tema específico é definido para nortear o encontro, a exemplo de: "Abordagens transnacionais — ideias em perspectiva global" (2012); "Textos literários: das fontes de pesquisa aos métodos de leitura" (2013); e "Fazeres e escritos: pensando a pesquisa e a publicação" (2014).

A presente coletânea tem por tema-chave os *Brazilian studies*. Em sentido lato, compreende tanto estudiosos estrangeiros que se interessam pelo país quanto os centros de estudo sobre Brasil sediados no exterior. Para a amplitude do Ateliê, consideramos de igual maneira a formação internacional de intelectuais brasileiros, reconhecidos como "intérpretes do Brasil", assim como a circulação e a recepção de obras que se tornaram referenciais no exterior.

Assim, deu-se continuidade a um evento que vem sendo realizado anualmente desde 2011, com o objetivo de propor uma agenda internacional, incorporar temas de ponta na área do pensamento social e congregar acadêmicos de projeção fora do país nas ciências sociais, junto a jovens pesquisadores em fase de formação, vinculados a programas de pós-graduação no Brasil.

Se em edições anteriores foram discutidas temáticas tais como "linhagens canônicas do pensamento social brasileiro", "ideias em perspectiva global", "fronteiras da literatura com as ciências sociais" e "políticas editoriais e publicação em revistas científicas internacionais", o mote do V Ateliê foram os *Brazilian studies*, com o debate sobre a relação especular entre aqueles investigadores estrangeiros interessados nas questões antropológicas, sociológicas e históricas da sociedade brasileira.

No cômputo geral, considera-se que a presente edição permitiu dar a conhecer a professores e alunos brasileiros o universo atual dos centros de estudos sobre Brasil no eixo Estados Unidos e Europa. Se evidentemente esse eixo ainda apresenta uma limitação espacial na relação centro-periferia, o imaginário em torno do "brasilianista", isto é, do estadunidense ou do europeu que se interessa em estudar o Brasil em termos políticos, sociais, econômicos e/ou culturais, pode ser debatido com propriedade por professores brasileiros que atuam em universidades nesses países e continentes e que trazem um olhar interno, fruto de sua inserção institucional e, em alguns casos, "departamental", conforme será abordado a seguir.

Para a conferência de abertura, o Ateliê contou com a presença do historiador Luís Felipe de Alencastro, que desde 2013 é professor da Escola de Economia (Eesp) da Fundação Getulio Vargas.

De seu abalizado trabalho acadêmico, pode-se dizer que Alencastro é autor de uma obra-prima da historiografia brasileira, intitulada *O trato dos viventes: formação do Brasil no Atlântico Sul*, publicada no ano de 2000 pela Editora Companhia das Letras. Outro livro de referência de sua produção foi a organização do terceiro volume da série *História da vida privada no Brasil*, dedicado ao Império brasileiro. O alentado livro veio a lume em 1997, sendo agraciado com o prêmio Jabuti, na categoria Melhor Livro de Ciências Humanas.

Ainda no que concerne às suas indiscutíveis credenciais, vale dizer que o professor Luís Felipe, depois de se tornar livre-docente em história econômica, pelo Instituto de Economia da Universidade Estadual de Campinas (Unicamp), esteve por 15 anos à frente da cátedra de História do Brasil na Sorbonne, universidade em que foi agracidado com o título de professor emérito.

Deve-se dizer ainda que o mesmo foi autor de uma série de ensaios sobre obras de relevo do pensamento social, como as de Joaquim Nabuco, Sérgio Buarque e Celso Furtado. Deste último, prefaciou em 2008 a edição comemorativa dos 50 anos de *Formação econômica do Brasil* (Companhia das Letras, 2000). Em razão disso, o professor foi convidado para essa palestra de abertura, intitulada "Celso Furtado e a formação internacional do intelectual brasileiro", a fim de retraçar a trajetória e o itinerário do economista brasileiro, figura pública notoriamente conhecida, em sua vivência como docente no exterior.

Na sequência da palestra inaugural, as atividades da manhã do dia 10 tiveram uma primeira mesa, cuja temática foi tanto a tradução quanto a recepção de obras dos chamados "intérpretes do Brasil" no exterior. Para compor a mesa, a professora Maria Lúcia Garcia Pallares-Burke trouxe por tema: "A circulação internacional de um 'clássico' do pensamento brasileiro — as edições de *Casa-grande & senzala* em língua inglesa".

A professora Maria Lúcia é vinculada há 20 anos ao Centro de Estudos Latino-Americanos da Universidade de Cambridge. Tendo escrito ensaios sobre o educador baiano Anísio Teixeira e a escritora feminista Nísia Floresta, é autora do premiado livro *Gilberto Freyre: um vitoriano nos trópicos* (Ed. Unesp, 2005, Jabuti, terceiro lugar na categoria Ciências Humanas) e coautora de *Repensando nos trópicos: um retrato intelectual de Gilberto Freyre* (2009), assinado juntamente com o historiador inglês Peter Burke, após publicação original em inglês, um ano antes, com o subtítulo *Social theory in the tropics*.

A ótima exposição da professora Maria Lúcia começou com a constatação de uma certa lacuna em sua própria formação intelectual, dado o tardio conhecimento da obra do sociólogo pernambucano Gilberto Freyre em sua trajetória de pesquisadora. Para efeito da apresentação, que durou cerca de uma hora e 15 minutos, seu foco de interesse incidiu na recepção da produção freyreana no meio universitário norte-americano.

No conjunto da obra, o livro *Casa-grande & senzala* (1933) desperta interesse especial, porquanto se afigura como uma espécie de "biografia do Brasil". Esse trabalho, segundo a convenção interpretativa mais geral, teve por significado a redefinição da identidade nacional e a refutação do paradigma do branqueamento, tal como formulado pelos ideólogos do racismo científico no decorrer do Oitocentos.

Nesse sentido, nas palavras de Pallares-Burke, C&S foi tido e havido pela literatura mais convencional como uma espécie de "terremoto", capaz de revolver e dinamitar o estereótipo do mulato na sociedade brasileira. Doravante, nas palavras da autora, o ensaio converteu o sentido mais estritamente negativo associado à miscigenação em um dado ulterior positivo, conforme assinala sua recepção.

A reconstituição da fortuna crítica é feita por Pallares-Burke por meio do tempo presente. Para tanto, o mote inicial da exposição da professora rememorou um episódio político-simbólico emblemático. Este ocorreu com a lembrança de um discurso de Luiz Inácio Lula da Silva, por ocasião da disputa pela sede olímpica do Rio de Janeiro para 2016, acerca do homem brasileiro ou, de modo genérico, do "ser nacional".

Na passagem, quando o ex-presidente se encontrava em Copenhaguen, no ano de 2009, Lula repisa, segundo o juízo da autora, um vulgar elogio freyreano ao povo brasileiro.

Assim, o introito da professora Maria Lúcia, a salientar a pregnância das ideias do autor no imaginário coletivo, permitiu que ela desse um primeiro passo para reconstituir a presença e a ligação de Freyre com os Estados Unidos, construída desde tenra juventude, no início de sua vida universitária, em fins dos anos 1910. A inversão da ótica é clara. O Novo Mundo, no imaginário europeu, albergava toda sorte de atraso racial, em que degeneração mestiça vinha de par com a corrupção moral e a preguiça solar.

Freyre dessa maneira cumprirá um papel exemplar na invenção de sua biografia intelectual e na reinvenção interpretativa do Brasil para o mundo anglo-saxão. Esse trabalho começa já na sua graduação, feita na Universidade de Baylor, ao sul dos Estados Unidos, no segundo decênio do século XX. O conhecimento que viria a ser formulado principia com a experiência contrastiva, quer fosse da política afirmativa quer fosse da segregação racial que o jovem pernambucano poderá testemunhar naquele momento, consoante célebre passagem da introdução de C&S.

A passagem da vivência à elaboração e à maturação de seu pensamento dar-se-á em outra ocasião da vida estadunidense, mais precisamente em Nova York — Universidade de Columbia —, quando o estudante de mestrado entra em contato com as ideias do seu preceptor, o alemão Franz Boas. São os cursos proferidos por esse antropólogo que cativarão o futuro pesquisador a entrever sua agenda de interesses, que tem na díade cultura/raça o elemento central.

Se as aulas com o mestre Boas são parte da versão canônica consagrada, a enfatizar uma espécie de *turning point* na carreira do sociólogo após o contato com o antropólogo, Pallares-Burke não deixa de assinalar influências anglo-saxãs auspiciosas para a contextualização da formação freyreana na América do Norte.

Uma delas é a figura do artista britânico William Morris (1834-96), que vai pautar sua atuação do mundo das artes, em estreito conluio com o movimento socialista e com a crítica ao capitalismo feita desde a Grã-Bretanha oitocentista. Nessa crítica, entretanto, salta à vista uma certa reivindicação de um passado medieval, tão esquecido quanto oculto, no imaginário europeu, em que se projetava, não sem acento romântico, certo retorno às riquezas regionais da Europa.

O paralelo proposto pela professora Maria Lúcia sublinhará esse procedimento remissivo incorporado por Freyre. No caso, sua remissão dizia respeito não, evidentemente, ao período medieval inexistente, mas a um passado colonial do Brasil e à sua decantação do regionalismo. Teria sido Morris, segundo a expositora, o responsável por modular a crítica a um padrão reinante de modernidade deletéria que Freyre encampou. Isso resultou, por exemplo, na denúncia freyreana à urbanização descaraterizadora de Recife, quando, em 1923, o estudante formado retorna à sua cidade natal.

O retorno ao Brasil do "mestre de Apipucos" encontrará nele uma liderança nordestina capaz de articular essa campanha de revigoração tanto da "aldeia recifense" quanto da africanidade contida na vida cotidiana dos engenhos açucareiros, célula mater em que sugeridamente se plasmou a identidade brasileira. Com essa chave argumentativa, Freyre encarna elementos geracionais que se despem do preconceito então dominante, bem como despoja a historiografia do positivismo elementar, cujo ancestral oitocentista era representado pela obra do alemão Leopold Von Ranke.

É evidente que essa virada se dá também no decorrer dos anos 1920, com todas as transições críticas a que se assiste no Brasil em termos sociais e nos Estados Unidos, em termos econômicos — Maria Lúcia lembra a essa altura o *crash* da bolsa nova-iorquina de 1929.

O início da apresentação atém-se, pois, a um quadro geral daquilo que precede a publicação de *Casa-grande & senzala* em 1933, pela editora carioca Schmitt. Trata-se de dados relativamente conhecidos da trajetória de Gilberto Freyre, mas que pavimentam o terreno para que a professora parta para o seu núcleo duro expositivo, qual seja, a tradução de *Casa-grande* para o inglês estadunidense no ano de 1946.

É assim em meados da década de 1940, já no contexto pós-Segunda Guerra Mundial, que se verte em língua inglesa o livro de estreia de Freyre, que tanto *frisson* — positivo e negativo — causara no país no decênio anterior.

Nos EUA, a iniciativa editorial coubera ao editor progressista de origem judia, Alfred Knopf (1892-1984), responsável, entre outros, por divulgar a obra do austríaco Stefan Zweig, em particular o afamado *Brasil, terra do futuro*. Em que pese a constatação do parco conhecimento do país sul-americano nas universidades dos Estados Unidos, Pallares-Burke ressalta a existência prévia de autores brasileiros traduzidos, a exemplo de Euclides da Cunha, de Sérgio Buarque de Hollanda e do literato Machado de Assis.

O livro possibilita, destarte, uma preparação para a acolhida de Freyre nos EUA, antes mesmo que a França o vertesse para a sua língua. Curiosamente, essa acolhida, parcialmente tímida num contexto mais geral, de acordo com a professora, foi possível graças menos às universidades e mais ao interesse despertado pelo Brasil entre as comunidades afrodescendentes norte-americanas e seus respectivos líderes.

Nesse jogo especular, não sem doses de maniqueísmo, o "inferno racial" dos EUA será contrastado à decantação de um certo "paraíso racial" brasileiro, seu supostamente harmônico *melting pot*, em virtude da coexistência de grupos de diversas procedências étnicas, bem como de uma existência marcada mais pela pluralidade que pela unidade, mais pela heterogeneidade que pela homogeneidade.

Em tal conjuntura de recepção inicial a C&S, com o sugestivo título de *Masters and slaves*, será erigida por movimentos sociais a contraposição esquemática do Brasil *versus* Estados Unidos, puros *versus* impuros, juntos *versus* separados, entre outros pares antitéticos.

A observação atilada da professora Maria Lúcia identifica ademais um dado prévio importante. Ainda que *Casa-grande & senzala* tenha sido o volume freyreano de maior reputação nacional e internacional, com tradução de Samuel Putnam, Freyre tivera uma publicação em língua inglesa anterior a C&S. Seu título, *Brazil, an interpretation*, de 1944, foi fruto de um conjunto de palestras proferidas pelo escritor na Universidade de Indiana, quando de sua passagem por aquele país quatro anos antes. Nessa ocasião, a missão freyreana consistia basicamente em "explicar o Brasil" para os EUA, em sumarizar para um público não brasileiro aquilo que dissera sem torneios no ensaio *Casa-grande & senzala*.

Para tanto, Freyre valeu-se do encontro com outro historiador importante residente na Universidade de Columbia, o austro-americano Frank Tannembaum (1893-1969), que muito contribuiu para a divulgação do trabalho do colega brasileiro. Outro dado valioso na prospecção feita por Pallares-Burke relaciona-se com a biblioteca do diplomata Oliveira Lima, com quem Freyre irá nutrir uma ligação de mestre e discípulo. Foi o contato com esse personagem brasileiro nos EUA — apelidado carinhosamente de Dom Quixote gordo — que permitiu a Freyre imergir nas leituras sobre o Brasil quando residia na América do Norte. Na mesma proporção, teria sido o diplomata brasileiro quem projetou o sociólogo pernambucano para além dos círculos acadêmicos e da elite letrada meramente universitária.

Após traçar uma instigante moldura da recepção da obra freyreana no universo anglo-saxão da primeira metade do século XX, Pallares-Burke fornece alguns elementos para que se entenda a menor receptividade lograda pelo autor, na medida em que críticas e contestações a suas posições políticas começam a repercutir desde o Brasil até os Estados Unidos na segunda metade daquela centúria.

Em meados dos anos 1980, uma nova voga editorial permite, entretanto, uma reconsideração da pecha a que foi confinado o Freyre cultor de certa "democracia social" e da vulgata apologética da miscigenação. É em 1986 que se lança uma trilogia de Freyre pela Universidade da Califórnia, responsável por oxigenar e dar novo impulso à recepção do escritor entre os leitores de língua inglesa, nesse momento já favorecidos pelas mutações por que passou a historiografia internacional, mormente a francesa, a incorporar a cultura material, o cotidiano, as mentalidades, a vida privada, a história cultural, entre outras bossas finisseculares.

Vale dizer que a apresentação da professora teve por efeito uma prolongada discussão, com considerações paralelas sobre, entre outros temas: a atuação intelectual do brasilianista Richard Morse; o papel dos movimentos pelos direitos civis nos EUA; o impacto da figura de Franz Fanon no imaginário libertário de então; a eventual ressonância de textos fundadores como *Nuestra América* de José Marti; a renovação dos estudos sobre a imagem do Brasil no mundo anglo-saxão, graças, entre outros, a professores como Sidney Chalhoub, atualmente lecionando em Harvard aulas sobre Machado de Assis e o segundo período do escravismo no Brasil; e, *last but not least*, a improvável existência de uma versão de *Os sertões* de Euclides da Cunha em dinamarquês, a partir de uma tradução datada de 1941.

O primeiro dia de palestras foi encerrado na parte da tarde com a mesa dedicada à existência de centros de estudos acadêmicos sobre Brasil — não confundir com as seções culturais diplomáticas existentes em certas embaixadas — nos Estados Unidos e na Europa. Para tratar do tópico, a mesa congregou dois professores com larga experiência de atuação fora do país e com vínculos a esses espaços de pesquisa sobre o país.

Com mediação do professor João Marcelo Maia (CPDOC/FGV), a mesa contou com a explanação inicial do professor Idelber Avelar, doutor em estudos latino-americanos pela Universidade de Duke, nos Estados Unidos. Desde 2005, é professor da Universidade de Tulane, nos EUA, no Departamento de Espanhol e Português, sendo autor de livros publicados em inglês e português, entre eles: *Figuras da violência: ensaios sobre narrativa, ética e música popular* e *Brazilian popular music and citizenchip*.

A proposta inicial feita a Avelar era a de expor sua experiência de 10 anos de ensino nos Estados Unidos, dedicados a aspectos históricos, culturais e literários da formação nacional. Em país conhecido historicamente pela presença expressiva dos *brazilianists*, o convite dimensionava apresentar as condições atuais de pesquisa em bibliotecas — e a diversos tipos de fontes — e o modo corrente de conhecimento e difusão de informações sobre o Brasil no ambiente estadunidense.

Ao contrário da expectativa inicial, Idelber principiou sua fala com ceticismo ante o entendimento de que haja centros de estudos sobre o Brasil consolidados nos EUA. A exceção, em sua ponderação, é a Brown University, sede da Brazilian Studies Association (Brasa), e Illinois, onde se constata um sensível interesse pelo país. Afora esses dois casos, o Brasil é enquadrado tradicionalmente nos estudos latino-americanistas, junto às faculdades de letras e aos respectivos departamentos de Espanhol e Português, disseminados nos EUA a partir dos anos 1960.

Para o convidado, essa disseminação é tributária de duas concepções de América Latina veiculadas no hemisfério norte. A primeira deve-se ao chamado "arielismo", concepção derivada da obra do autor uruguaio José Enrique Rodó (1871-1917), que em 1900 publicou o livro *Ariel*, alegoria shakespeariana sobre a hispano-américa.

Tal obra foi a culminância de um movimento de jornalistas e literatos hispano-americanos do final do século XIX, associados por sua vez a uma estratégia francesa de diferenciação do continente americano e da influência emergente dos EUA. Conformava-se assim o modernismo hispânico — radicalmente distinto, como acentua Avelar, do movimento de mesmo nome brasileiro, que eclodiu nos anos 1920 — com José Marti, Ruben Dario e José E. Rodó à frente.

Buscava-se dessa maneira uma filiação à herança espiritual grega, com a distinção entre o legado latino e o anglo-saxão. Em um prevalecera a vertente culturalista, ao passo que no outro sobressaiu o peso aristocrático.

A segunda concepção aventada por Idelber disse respeito à emergência dos chamados estudos de área nos Estados Unidos, em que a divisão territorial ensejou um critério para que se estudasse a América Latina, dos anos 1960 em diante. Entende o convidado que, para além de um fatiamento do território, o elemento histórico elucidador de tal interesse teve razões políticas.

A mais emblemática foi a Revolução Cubana, que na Grã-Bretanha, por exemplo, levou à criação da Latin American Studies Association (Lasa), até hoje existente e com reuniões anuais realizadas desde a sua fundação. O divisor de águas ideológico, compreensível em plena Guerra Fria, assistiu a outros fenômenos latino-americanos, como a Teologia da Libertação, que procurava fundir marxismo com certa dose progressista de religiosidade católica.

Assiste-se de tal sorte ao surgimento da dicotomia Nós-Eles no continente americano, com a reificação do "eles" para os EUA. Junto ao crivo político, Idelber aponta astutamente outro fator importante, de dimensão cultural. Trata-se do *boom* da literatura latino-americana, também conhecido como "realismo mágico", com Gabriel García Márquez, Vargas Llosa, Miguel Angel Asturias, Manuel Scorza, entre outros.

Na esteira de obra precedente — o *Facundo: civilização ou barbárie*, do argentino Domingos Sarmiento —, ou mesmo de um autor espanhol como Benito Pérez Galdós, buscou-se um cânone retroativo para os literatos. Estes passaram por um surto de traduções para o inglês, que, por questões linguísticas e históricas, havia ficado infenso a tais intercâmbios literários.

Não obstante, ainda na chave cética com que abriu a palestra, o convidado reitera que o Brasil passou ao largo da incorporação da literatura latino-americana nos EUA. Para não ser completamente contundente, identifica uma obra brasileira vertida para o inglês: o *Dom Casmurro* de Machado de Assis, espécie de Otelo nacional, atraente porquanto lido na chave "romance de adultério".

Por fim, Avelar salienta certa projeção mais recente do Brasil estimulada nos últimos 15 anos por efeitos positivos da virada econômica e social do país. Visto até pouco tempo como país emergente, integrante dos Brics, a posição do Brasil amplificou certo interesse por estudá-lo nas universidades estadunidenses recentemente. De todo modo, do ponto de vista da penetração linguística, entre as línguas estrangeiras aprendidas nos EUA, o português é tão somente o quinto num *ranking*, tendo o espanhol, o francês, o alemão e o italiano à sua frente.

Após a primeira apresentação, João Maia passou a palavra ao professor Vinícius Mariano de Carvalho, doutor em literatura pela Universidade de Passau, na Alemanha, onde atuou como professor visitante durante seis anos.

Vale dizer que Vinícius, entre 2010 e 2014, lecionou no Departamento de Artes da Universidade de Aarhus. Desde 2015, está vinculado ao Brazil's Institute, no King's College, de Londres. Quanto à sua produção, é autor do livro *Fora da poesia não há salvação: uma hermenêutica literária da poesia de Mário Quintana à luz da via negativa*, fruto de seu doutoramento na cidade alemã acima mencionada.

Quando o convidamos, tencionávamos que a apresentação tratasse do processo de implantação e de consolidação de um programa de estudos brasileiros no exterior, mais especificamente na Universidade de Aarhus, na Dinamarca, cuja existência tem mais de 20 anos, da qual o professor fez parte, e a cujo vínculo articula-se também a revista científica *Brasiliana*. Como ambos, no entanto, ainda são muito pouco conhecidos no Brasil, tratava-se de uma oportunidade, a nosso ver, ímpar.

Após um breve histórico sobre o perfil e as mudanças desse programa ao longo de duas décadas, tínhamos em mente, igualmente, destacar o início do programa com os estudos mais estritamente filológico-linguísticos, para em seguida apontar uma expansão mais recente em torno de interesses contemporâneos sobre a sociedade brasileira, incluindo os antropológicos, econômicos, geopolíticos etc.

Graças à trajetória cosmopolita do convidado, intentava-se o mapeamento dos *Brazilian studies* na Europa, a fim de, assim, dimensionar os desafios da pesquisa fora do país e avaliar os benefícios que a dimensão relacional e/ou dialógica traz no intercâmbio de ideias e de pontos de vista sobre o Brasil.

O professor Vinícius, de fato, como era nossa expectativa, começou com a menção ao instituto e à revista supracitados. Mas, à guisa de introdução, logo mobilizou uma curiosa definição do termo brasilianista, colhido em um livro de autoria do antropólogo mineiro Darcy Ribeiro, *Ensaios insólitos*, publicado originalmente em meados dos anos 1960.

Na sequência, Carvalho destacou a relatividade dicotômica do Brasil como objeto em detrimento do Brasil como sujeito para o campo de estudos em tela. Antenado com a dicção "darcyana" evocada, denunciadora de certa "esquizofrenia intelectual" nacional, trata-se do desafio de formular um "pensamento brasileiro" e não apenas de forjar um pensamento objetivável sobre o Brasil, levando em conta aspectos ontológicos, hermenêuticos e críticos para abordar esse "lugar de fala" (sintagmas) sobre o país, que se sobreponha aos inúmeros silenciamentos por que passou nossa história.

Carvalho argumenta que esse fato limitador da compreensão do país se circunscrevia, com maior ênfase, aos estudos voltados à língua, à literatura e à cultura de um modo geral. Para além do fato institucional que deve ser considerado, o professor estima a importância da epistemologia, dos paradigmas, das teorias e dos conceitos a esse respeito.

A literatura comparada, de acordo com o convidado, contribuiu para a melhora dessa compreensão. Mesmo a história teve de ser lembrada e, a esse respeito, Vinícius Mariano apontou o papel importante do brasilianista Thomas Skidmore, aliás falecido em 2016, cujo livro foi prefaciado por ninguém mais ninguém menos que o crítico Francisco de Assis Barbosa. Outro autor paradigmático saudado pelo professor convidado foi Leslie Bethell sobre a América Latina, série que corporifica o continente por meio de estudos substantivos.

Após um arrazoado epistêmico mais amplo, Vinícius Mariano destacou a experiência dinamarquesa a partir de um centro de pesquisa que ele se empenhou em mudar para atender os princípios teóricos por ele inicialmente salientados. À universidade na Dinamarca sucedeu a atual experiência londrina, em que se encontra o Brazil Institute, situado por sua vez no King's College de Londres. Ao contrário do centro de estudos, e da revista, um instituto tem missões e natureza distintas diante desses outros espaços brasileiros.

Ainda que o corpo docente seja diminuto — cinco professores coordenados pelo luso-britânico Anthony Pereira —, as matérias ministradas no King's acerca do país têm despertado interesse entre doutorandos do instituto no decurso das disciplinas afins. Isso tem proporcionado maior procura do tema, embora a visão corrente corrobore a imagem do Brasil como um objeto.

O segundo dia foi consagrado exclusivamente ao debate dos projetos com os pós-graduandos. Foram ao todo 21 trabalhos selecionados para o V Ateliê Internacional do Pensamento Social 2015, entre mestrandos e doutorandos de diversas universidades do Brasil. Desse total, apenas duas ausências foram registradas.

Como foi dito, esse foi o momento central do Ateliê, uma vez que consistiu no diálogo entre professores e alunos acerca dos projetos que tinham por cerne explicitar as questões metodológicas das pesquisas da área de pensamento social, quer sejam conceitos, instituições, ideologias, linhagens intelectuais, segmentos textuais/contextuais de artistas, cientistas, culturais e demais pensadores brasileiros.

A dinâmica consistiu em dois grupos de 12 pessoas (10 discentes e dois docentes). Em conjunto, durante cerca de cinco horas, compartilharam-se impressões de leitura, críticas e comentários, com abertura para que todos tivessem a oportunidade de apresentar seus pontos de vista, emitir juízos e debater. Em tal proposta, fazia-se o debate coletivo sobre métodos e metodologias de pesquisa em pensamento social, abordando-se caso a caso e mediante uma pergunta elementar: como estudar intelectuais, ideias, textos e contextos?

Procurou-se assim assinalar de início a diferença em relação aos encontros tradicionais das associações de pós-graduação. Por outro lado, ressalvou-se que os comentários estavam longe de ser exaustivos e que, evidentemente, o acolhimento das observações dependeria da relação com os respectivos orientadores, sem haver qualquer intenção de interveniência nesse processo.

A condução do debate foi feita pelos professores, mas os alunos eram considerados aqueles que detinham a propriedade do conhecimento. A dinâmica assistiu a duas partes, com uma apreciação geral, seguida de um exame mais detido, trabalho a trabalho. Na mesa por mim coordenada, o Grupo 1, as temáticas versaram, entre outras, sobre: literatura contemporânea; literatura e região; literatura e questão social; modernismo; música e instituições; cientistas sociais; filosofia e teoria social; intelectuais e cidade.

Antes de principiar a rodada de intervenções, algumas variáveis acerca do estado da arte foram consideradas, tais como a adaptação dos projetos de ingresso na versão apresentada; a passagem ou não pela qualificação, isto é, o momento em que se encontram no mestrado e no doutorado; e, por fim, a sondagem se o *paper* fora escrito exclusivamente para o Ateliê ou se partia de algum texto previamente redigido.

Destarte, durante um total de mais de cinco horas, foi feita uma breve apresentação dos presentes, com uma rodada de comentários de leitura dos professores Vinícius Mariano e Bernardo Buarque sobre cada um dos trabalhos enviados. Houve em seguida comentários livres dos alunos, incluindo eventuais considerações sobre os projetos dos colegas, uma vez que era tarefa grupal o conhecimento mútuo, seguido por um debate geral.

Em 2015, ao final dos trabalhos, houve o encerramento do evento com o coquetel de lançamento do livro da terceira edição, na Livraria da FGV, em São Paulo.

* * *

Em virtude do novo encontro, após uma primeira sondagem aos professores convidados, o projeto de publicação da série teve continuidade com o presente volume. A partir das apresentações e dos debates, os *papers* foram encomendados aos autores, com a solicitação de adequação à natureza da coletânea, de fidelidade às suas intervenções iniciais e ao efeito dos debates nas questões tratadas.

A novidade em relação aos três números anteriores consiste no fato de que, nesta publicação, incluíram-se quatro projetos de pesquisa dos discentes que tiveram seus textos selecionados e debatidos.

Trata-se de uma maneira de prestigiar e de estimular os pós-graduandos. Ao mesmo tempo, a inclusão é uma forma de adequar o resultado do livro ao seu projeto original. Nele, tenciona-se articular pesquisadores já estabelecidos com jovens investigadores neófitos, ou em fase de iniciação à pesquisa, por intermédio de um escopo fundamental, a saber, a metodologia de leitura de textos na área de pensamento social.

A publicação desta coletânea foi facultada por recursos financeiros aprovados pela Capes. À guisa de agradecimento, menciona-se igualmente a Fapesp, tendo em vista seu apoio capital ao custeio das demais despesas do evento.

Bibliografia consultada

AVELAR, Idelber. *Figuras da violência*: ensaios sobre narrativa, ética e música popular. Belo Horizonte: Editora UFMG, 2011.

CHACON, Vamireh. *A grande Ibéria*: convergências e divergências de uma tendência. São Paulo: Editora Unesp; Brasília: Paralelo 15, 2005.

KOSMINSKY, Ethel Volfzon; LÉPINE, Claude; PEIXOTO, Fernanda Arêas (Org.). *Gilberto Freyre em quatro tempos*. Bauru: Edusc, 2003.

PALLARES-BURKE, Maria Lúcia Garcia. *Gilberto Freyre*: um vitoriano nos trópicos. São Paulo: Editora Unesp, 2005.

____. *O triunfo do fracasso*: Rüdiger Bilden, o amigo esquecido de Gilberto Freyre. São Paulo: Editora Unesp, 2012.

Bernardo Buarque de Hollanda
CPDOC/FGV

PARTE I

CAPÍTULO 1

Brasilianista e estudos brasileiros: algumas observações conceituais

Vinicius Mariano de Carvalho

É CURIOSO notar a reação das pessoas, acadêmicos ou não, quando, ao ser indagado sobre o que faço, lhes respondo que sou professor e pesquisador de estudos brasileiros. A essa resposta é quase automática uma segunda pergunta: "Mas o que é isso?". Normalmente a surpresa vem nesse momento, quando digo que não sei exatamente o que é, mas é justamente por essa razão que me dedico a esses estudos.

No ambiente acadêmico estamos bastante acostumados a áreas do saber bem delimitadas, com métodos, teorias e objetos bem claros — "princípio da ciência!". Ao se propor uma área 'nova', uma definição epistemológica se faz necessária, e mesmo em tempos de interdisciplinaridade ainda é kantianamente que definimos as áreas de saber. É quase como um procedimento de defesa ou proteção, quando não um procedimento existencial mesmo: 'sou' antropólogo, 'sou' cientista político, 'sou' linguista, 'sou' químico. Enfim, nessas definições já estão incluídas maneiras de se ver o mundo, métodos, objetos.

Isso não parece tão fácil no caso de estudos brasileiros, ou outros estudos de área em geral, e as definições para esse campo estão mais para "campo de batalha" do que para "campo fértil". Neste texto, procurarei discutir um pouco o que penso sobre esse conceito de estudos brasileiros e como nele me situo. Não pretendo fazer aqui a defesa de um novo campo, ou mesmo lançar paradigmas para o que vem sendo chamado de 'estudos de área'. Não pretendo fazer um texto de filosofia da ciência, mas apenas expor minhas reflexões sobre o que venho exercendo como pesquisador e professor. São mais perguntas que respostas. Perguntas que fiz e faço a mim mesmo e que me obrigam a sair do meu lugar epistemológico e metodológico, que me forçam a repensar estruturas e modelos de pensar e pesquisar, e, por que não dizer, fazem-me repensar-me existencialmente. Portanto, se não científico, *stricto sensu*, este texto terá sim alguma reflexão epistemológica, ontológica e metodológica, porém sem pretensões universalizantes. Parece-me, no entanto, necessário deixar claro, desde o princípio, que, sim, faço estudos brasileiros e não me ofendo ao ser chamado de brasilianista.

O termo brasilianista, os estudos brasileiros, o brasilianismo

Terminei a seção anterior dizendo que não me ofendia ao ser chamado de brasilianista. Digo isso porque, historicamente, o termo nunca foi muito bem apreciado no ambiente acadêmico brasileiro. Nos anos 1960, era o termo empregado para definir acadêmicos estrangeiros, especialmente norte-americanos, que estudavam o Brasil. Ao que parece, o primeiro a fazer uso desse termo foi Francisco de Assis Barbosa para apresentar Thomas Skidmore em 1969, quando este publica *Brasil: de Getúlio Vargas a Castelo Branco*.

Nos anos 1960, na academia americana, os 'especialistas em áreas do mundo' começaram a frutificar e o Brasil não ficou de fora. A reação na academia brasileira não foi passiva e, considerando-se as restrições sofridas por muitos pesquisadores brasileiros que viviam sob um regime repressivo de ações e ideias, ter um 'estrangeiro' estudando o Brasil, muitas vezes com mais possibilidades de acessos a dados e arquivos que os próprios brasileiros, soava como submissão ao 'imperialismo americano'.

Sob esse aspecto, Darcy Ribeiro, em um memorável texto intitulado "Três pragas acadêmicas", nos dá um bom quadro de como era este debate e a percepção sobre os brasilianistas na década de 1960. Ribeiro inicia com uma admoestação em seu estilo mordaz característico:

> Evidentemente nós, os intelectuais, não somos nenhuma maravilha. Somos, de fato, um frágil material corruptível. Quem de nós, isento de culpas, poderia assumir legitimamente o papel de juiz? Eu não, certamente. Apesar disso, às vezes não se pode fugir à contingên-

> cia de apontar prevaricações demasiadamente notórias. Sobretudo quando, encobertas, elas ameaçam generalizar-se, viciando nosso ambiente acadêmico já tão acanhado e medíocre.
>
> Este e o caso de três pragas vorazes que desde 1964 caem como gafanhotos sobre cada matinho de integridade intelectual e de consciência crítica que, a duras penas, consegue medrar aqui e ali, tudo corroendo, insaciáveis. [Ribeiro, 2011:211]

O texto então segue discorrendo sobre algumas situações do ambiente acadêmico brasileiro de durante o período do regime militar e chega finalmente ao que nos interessa: a visão de Darcy Ribeiro sobre os brasilianistas. A citação é longa, porém necessária:

> A segunda praga foi a dos *brazilianistas.* Proibidos os brasileiros de estudar criticamente nossa realidade social, o Brasil se viu invadido por dezenas de bisonhos universitários norte-americanos, ansiosos todos por nos entender e nos explicar através de teses doutorais e de relatórios de pesquisa. Aos brasileiros não se permitia estudar nada. Aos *brazilianistas* tudo. Inclusive o militarismo e até o próprio regime que foram objeto de dezenas de *papers*, tão copiosos quanto inócuos ou cúmplices. Assim é que, com os principais estudiosos brasileiros proscritos das universidades e dos institutos de pesquisa e às vezes até expulsos do país, se abriu um espaço prontamente coberto por jovens talentos ianques. Alguns não tão jovens, mas todos muito sabidos que passaram a tudo inquirir exaustivamente e de tudo falar incansavelmente. Aprendemos neste tempo de provação como a comunidade universitária norte-americana é rica de gente predisposta a assumir as funções mais torpes, revestindo-as de disfarces acadêmicos. [Ribeiro, 2011:213]

O texto dispensa comentários. É claro o bastante ao demonstrar a situação acadêmica do período e principalmente em apontar a crítica a que os ditos brasilianistas de então estavam submetidos. Até mesmo ao grafar a palavra, Ribeiro o faz com um 'z' e não com um 's', como manda a norma culta da língua portuguesa e como escrevemos hoje, ironizando o distanciamento estrangeiro de tal conceito. É fácil entender o porquê de o termo brasilianista soar como uma ofensa ainda hoje e ser refutado por muitos pesquisadores, mesmo aqueles que já se assumem como pesquisadores de estudos brasileiros. É claro que Darcy Ribeiro não desconsiderava todos os estrangeiros que estudavam o Brasil e ainda no mesmo texto faz uma ressalva:

> É bom esclarecer aqui que sempre foram bem-vindos ao Brasil — e continuam sendo — os verdadeiros estudiosos norte-americanos ou de outros países, aos quais tanto devemos. Qualquer brasileiro pode citar muitos deles dentro de sua especialidade. São mestres e colegas que respeitamos e prezamos, os quais não podem ser confundidos com a praga dos falsos acadêmicos que nos empiolhou nestes anos de negror. [Ribeiro, 2011:214]

Note-se, contudo, que essa ressalva deixa claro o entendimento de Ribeiro sobre os brasilianistas. Não são aqueles que fazem 'estudos brasileiros', mas especialistas dentro de suas áreas específicas. Isso nos interessa, porque nesse momento em que Darcy Ribeiro critica os brasilianistas, estes são vistos apenas como pesquisadores, dentro de especialidades específicas (história, ciência política, antropologia, sociologia etc.) que têm o Brasil como objeto de estudo. O conceito de estudos de área ainda não era uma realidade academicamente definida nos 1960 e é também nesse momento que outro complicador para nosso debate começa a surgir, o conceito de estudos latino-americanos. Sobre isso, retornarei mais tarde neste texto.

Os estudos brasileiros parecem, porém, ser mais antigos que a onda de brasilianistas dos anos 1960. Anthony Pereira, em um texto para o número inaugural da *Revista Brasiliana*, nos lembra que

> *In 1912 the Brazilian diplomat, scholar, and bibliophile Manuel de Oliveira Lima (1867-1928) gave six lectures at Stanford University that encapsulated his views of what we now call Brazilian Studies. In these lectures he advanced arguments about what made Brazil distinctive and interesting; how the country's history, culture, and contemporary society should be understood; which stereotypes about it were not particularly accurate or helpful; and what exciting new developments would shape*

> *the country in the future. The lectures make fascinating reading today, not only because they show the contours of one person's vision of Brazilian Studies at the beginning of the last century, but because they reveal differences and similarities between Oliveira Lima's intellectual horizon and the one we face today.* [Pereira, 2012:3]

O texto de Anthony Pereira apresenta o conteúdo destas palestras de Oliveira Lima e traça um paralelo entre o que ele fez em 1912 e que já se caracterizava como um tipo de estudos brasileiros com as perspectivas dos estudos brasileiros hoje. Voltaremos posteriormente a esse texto de Pereira, mas o que gostaria de chamar a atenção aqui é para o fato de que o conteúdo das palestras de Oliveira Lima trata do Brasil como um objeto de estudo, em contraposição a outros países da América. As palestras foram publicadas em 1914 sob o título: *The evolution of Brazil compared with that of Spanish and Anglo-Saxon America*. Oliveira Lima defende veementemente uma especificidade do Brasil em relação aos outros países americanos, levando-se em conta principalmente o diferencial colonizador passado por esses países. As análises de Oliveira Lima são fortemente influenciadas por um eurocentrismo não disfarçado e por ideias raciais comuns a seu tempo. Suas análises em alguns momentos aproximam, paradoxalmente, os países da América de colonização espanhola ao Brasil, especialmente quando em contraponto à colonização anglo-saxã; no entanto, o autor faz questão de reafirmar a especificidade do Brasil diante dos outros países latino-americanos.

Mais recentemente, Daniel Buarque dedicou um capítulo de seu livro, *Brasil, um país do presente*, ao que chamou de "Formação e evolução do brasilianismo". De imediato já nos chama a atenção o termo *brasilianismo*. O substantivo criado com o sufixo -ismo já nos permite especular o que se pode querer entender por estudos brasileiros, e seu uso, por si, já carrega uma dubiedade de significações. Não me estenderei, no entanto, nessa especulação aqui. Não porque não seja necessária, mas apenas para que não desvie o texto para um tom demasiado bizantino.

O que me interessa no texto de Buarque são suas reflexões sobre como os estudos brasileiros são vistos e representados na Brazilian

Studies Association (Brasa), a maior associação reunindo brasilianistas no mundo. Buarque baseia seu texto em conversas e entrevistas realizadas durante o X encontro da Brasa, em 2010, em Brasília. Já no primeiro parágrafo, Buarque define os brasilianistas como "...observadores externos que estudam o país..." (Buarque, 2013:213). Pessoalmente, não compartilho dessa perspectiva. Não me parece que para se ser brasilianista há que se ser um 'observador', tampouco 'externo', nem deva 'estudar o país'. Buarque esclarece que o atual brasilianista no ambiente acadêmico norte-americano passa por transformações em relação ao brasilianista do passado, aquele das pragas acadêmicas de Ribeiro. Diz Buarque:

> Em vez de formar os tradicionais brasilianistas, estudiosos que se debruçavam sobre a realidade histórica, social e cultural do país como um lugar exótico e distante, a academia norte-americana passou a encarar o Brasil como um importante ator global, referência em diferentes assuntos científicos e passando por quase todas as áreas do conhecimento. [Buarque, 2013:214]

O que podemos inferir disso é que os brasilianistas norte-americanos estão deixando de olhar para o Brasil como um objeto de estudo, mas talvez o notando como um sujeito de produção do saber. Ou, nas palavras de Randal Johnson, citado por Buarque em seu artigo, "[O] Brasil deixou de ser exótico". Outra curiosa afirmação, pois nos leva a crer, portanto, que os estudos brasileiros eram até então estudos do exótico esperado do Brasil. Não seria isso mesmo uma forma de dizer-se pesquisador do exótico, localizando-o nos estudos que antecederam? E mais curioso ainda vindo de Johnson, identificado por Buarque como "um dos mais antigos brasilianistas em atividade no início da segunda década do século XXI" (Buarque, 2013:216).

O texto de Buarque continua então descrevendo o 'novo brasilianista', que, segundo o autor, se tornou um grupo mais diverso de pesquisadores e também mais multidisciplinar. Conclui-se, portanto, que o entendimento é que os estudos brasileiros não são uma disciplina, mas uma abordagem, ou "um exemplo" (Buarque, 2013:220). Citando Meihy, Buarque nos diz que para esse pesquisador "a globalização fez os 'estudos de área', que tratam dos países de forma isolada, ficarem menos importantes. O pesquisador agora tem de estudar o Brasil como um caso de feminismo ou racismo" (Buarque, 2013:220).

Tudo isso nos é muito interessante, mas me levo a perguntar se essa tendência a uma interdisciplinaridade não é comum a todos na academia e não apenas um privilégio ou desafio para os estudos de área. Não está exatamente na capacidade por natureza interdisciplinar dos estudos de área sua maior relevância para o contexto acadêmico atual? De fato, entendo e defendo a interdisciplinaridade como caminho para os estudos de área, e os estudos brasileiros dentro deles. Porém, pergunto se realmente quando se usa o termo interdisciplinaridade está se entendendo as implicações dela, a saber, a aplicação múltipla de teorias, métodos e hermenêuticas, considerando-se uma pluralidade de entendimentos semânticos e epistemológicos de um mesmo objeto, com vistas a uma percepção abrangente e nem sempre unívoca desse objeto estudado. Pergunto ainda se essa interdisciplinaridade, aplicada aos estudos brasileiros, toma a estes como as múltiplas visões (métodos) ou como ainda um objeto Brasil submetido a diversos olhares disciplinares.

Estudos brasileiros, estudos latino-americanos, estudos de área

Parece-me que já é hora de voltar à questão dos estudos latino-americanos e à inserção ou não dos estudos brasileiros nessa mesma moldura. Enfim, discutir os limites da área dos estudos brasileiros.

Não há como iniciar esse debate sem retornar ao texto já clássico de Leslie Bethell, "Brazil and 'Latin America'", publicado no *Cambrigde Journal for Latin American Studies* (2010). Nesse texto, Bethell, em um exercício que transita entre história das ideias e a história das relações internacionais, examina a relação do Brasil com o que se costuma chamar de América Latina em uma perspectiva histórica. Segundo Bethell, por mais de um século após as independências, intelectuais e políticos dos países da América espanhola consideraram o Brasil como parte da América Latina. O Brasil, por sua vez, tinha seus olhos mais voltados para a Europa, e, após a República, para os Estados Unidos, com exceção do histórico interesse do Brasil no Rio da Prata. Ainda para Bethell, é apenas durante a Guerra Fria que os Estados Unidos começam a ver o Brasil e tratá-lo como um país latino-americano e, afora alguns intelectuais de esquerda, muitos pensadores brasileiros não viam o país como parte integral da América Latina. Literalmente, diz Bethell:

> *When did Brazil finally become part of 'América Latina'? When 'América Latina' became 'Latin America' — that is to say, when the United States, and by extension Europe and the rest of the world, began to regard Brazil as an integral part of a region called Latin America, beginning in the 1920s and 1930s but especially during the Second World War and the Cold War, and when at the same time Spanish American governments and intellectuals began to include Brazil in their concept of 'América Latina', and when even some (albeit few) Brazilians began to identify with Latin America.* [Bethell, 2010:474]

Sem dúvida o estudo de Bethell vai muito além da discussão que procuramos com este texto, no entanto trago-o como ponto de partida, porque é inevitável a relação entre estudos brasileiros e estudos latino-americanos, seja nos Estados Unidos ou na Europa. Não sei se essa seria uma preocupação no Brasil, ou mesmo no México, Argentina, Costa Rica ou outro país dito latino-americano. Digo isso porque desconheço programas de estudos brasileiros no Brasil.[1] E é importante deixar bem claro, como estudos de área.

Esse aspecto, de considerar estudos brasileiros como estudos de área, é importante de se pensar quando notamos de onde vêm institucional-

[1] Tenho conhecimento do Instituto de Estudos Brasileiros da USP, porém, ao que me parece, o IEB oferece disciplinas de graduação (não um programa) e uma Pós-Graduação Multidisciplinar em Culturas e Identidades Brasileiras, tendo estudos brasileiros como Área de Concentração. No seu site na internet, o IEB é assim apresentado: "Criado por Sérgio Buarque de Holanda, em 1962, o Instituto de Estudos Brasileiros é um centro multidisciplinar de pesquisas e documentação sobre a história e as culturas do Brasil. Tem como desafio fundador a reflexão sobre a sociedade brasileira, envolvendo a articulação de diferentes áreas das humanidades" (<www.ieb.usp.br/historico>). Não se trata, portanto, do mesmo entendimento de estudos brasileiros como estudos de área, como estou aqui explicitando, mas de um estudo focalizado nas humanidades e fundado em pesquisas em história e cultura.

mente os brasilianistas e os latino-americanistas. O grupo é diverso e nichos de pesquisadores que tinham algum objeto de estudos no Brasil, como antropólogos e cientistas sociais e políticos, estão nas origens da terminologia. Um segundo grupo é daqueles que fazem pesquisas comparadas nas mais diversas áreas e têm o Brasil como um dos *case-study*. Outro grupo considerável é daqueles dos estudiosos de língua e literatura — grupo do qual originalmente provenho — que na maioria das vezes encontraram em suas universidades de origem o espaço dos departamentos de estudos latino-americanos, quando não departamentos de estudos de espanhol, português e América Latina (a variante dos nomes dos departamentos é legião). Nesse contexto, o número de estudiosos de literatura brasileira exclusivamente é sempre bem pequeno, muitas vezes tendo que ensinar também outras literaturas de língua portuguesa e não raro dividirem-se entre o estudo de língua e literatura. Enfim, institucionalmente ficavam na margem da margem, levando-se em conta a situação crítica atual em que o ensino de línguas e literatura se encontra, ao menos no contexto europeu. Muitas vezes a diversificação da pesquisa e sua adequação à realidade dos financiamentos e das organizações departamentais ditou escolhas muito mais fortemente do que decisões epistemológicas que informariam uma *episteme* chamada estudos latino-americanos.

A experiência de já ter ocupado postos acadêmicos na Alemanha, Dinamarca e Reino Unido, além de ter visitado dezenas de outras universidades em países europeus, permite-me dizer que a luta por um lugar ao sol dos 'brasilianistas' nos departamentos de estudos lusófonos, hispânicos, latino-americanos, ibéricos, românicos, ou qualquer variante que o valha, é árdua, politicamente falando, ou seja, a busca por expressão de existência dentro do espaço administrativo e burocrático da instituição. Neste momento, unir-se à América Latina faz mais sentido como estratégia (ou mesmo condição) de existência do que se reafirmar epistemologicamente em uma área que ainda se encontra em condições de definição.

Esse exemplo dos departamentos de língua e literatura (e cultura, eventualmente, ainda que com uma definição bastante vaga do que entendem como cultura, causando com isso uma boa controvérsia com antropólogos, por exemplo) pode ser talvez estendido para outros departamentos tradicionais, como aqueles de história, ciências sociais, ciências políticas etc., que por questões muitas vezes mais econômicas que conceituais costumam abrir postos para especialistas em América Latina, incluindo aí Brasil. No entanto, ainda com Bethell, "*It is probably fair to say, however, that the majority of Brazilian intellectuals, like most Brazilians, continued to think of 'Latin America' as signifying Spanish America, of Brazil as not part of 'Latin America' and of themselves as not essentially 'Latin American'*" (Bethell, 2010:483).[2]

Tendo dito isso, devo deixar claro que meu argumento não é o de que o Brasil não seja parte da América Latina. O que penso, no entanto, é que se pode estar incorrendo em um reducionismo, porque não dizer quase eurocêntrico, imaginar que haja uma compreensão ontológica, epistemológica, cosmológica que dê conta de uma pluralidade de povos, línguas, histórias, vivências, realidades políticas e sociais tão diversos como o do espaço chamado de América Latina. Não estou dizendo, e isso é importante ressaltar, que não haja sinergias, diálogos, trocas, escambos, influências, imitações e muitas outras formas de relações e interações entre os países ditos latino-americanos. O que penso, porém, é que da mesma forma que essas relações e interações ocorreram e ocorrem no espaço chamado de América Latina e no Brasil, ocorrem também entre Brasil e África (talvez de maneira muito mais contundente do que outros), entre Brasil e Ásia, entre Brasil e Europa. Enfim, e aqui sendo mais formulativo, entendo que compreender a possibilidade de estudos brasileiros sem tentar fazer deles refratários de estudos latino-americanos contribuirá muito mais para que se compreenda a teia de relações e interações ocor-

[2] Vale citar aqui o estudo realizado por Janina Onuki, Fernando Mouron e Francisco Urdinez, intitulado "Latin American perceptions in comparative perspective. Regional identity and contested leadership", publicado na *Contexto Internacional* (2016). Nesse estudo os autores buscam analisar se a opinião pública se tornou um fator de influência na formulação de políticas exteriores nos regimes democráticos. Para explorar esse argumento, utilizaram dados do projeto "The Americas and the World: Public Opinion and Foreign Policy" para analisar se os 'latino-americanos' compartilham um sentimento comum de identidade regional e se o Brasil é visto como líder regional. Para levar a cabo o estudo, utilizaram dados da TAWP sobre "regional identity self-perception" nos sete países considerados no projeto. No total de 10.544 casos, os autores calcularam a porcentagem daqueles que se consideram "latino-americanos" em cada país. Enquanto nos países de língua espanhola essa identificação é alta, no caso brasileiro, apenas 4% se identificavam como 'latino-americano'.

ridas entre Brasil e o restante do mundo, inclusive entre os outros países da América de língua espanhola e de colonização ibérica.

Não defendo tampouco que haja uma distinção simples entre Brasil (e estudos brasileiros) e demais países de língua espanhola na América (e estudos latino-americanos voltados para estes). Não vejo sequer esses países como uma unidade objetiva sujeitos a uma interpretação generalizante. Imagino estudos de área que se ocupem sim de realidades específicas e não vejo nada de mal que se fale e se promovam estudos argentinos, estudos costa-ricenses, estudos nicaraguenses, estudos mexicanos etc.[3] Sei obviamente da impossibilidade prática de se acomodar todos esses estudos específicos em um departamento de uma universidade, mas há que se entender que o agrupamento desses estudos em departamentos não é necessariamente por uma questão epistemológica, mas muitas vezes mais pragmática e política, como já mencionei.

A *Latin American Research Review*, v. 50, n. 2, de 2015, trouxe um estudo extremamente meticuloso e revelador realizado por Enrique Mu e Milagros Pereyra-Rojas. Com o título de "Impact on society versus impact on knowledge. Why Latin American scholars do not participate in Latin American Studies", o estudo argumenta que, ainda que 8% da população do mundo viva na América Latina (incluindo o Brasil), apenas 1,7% da produção acadêmica sobre a América Latina é produzida nessa área. Os autores argumentam que a limitada voz de acadêmicos latino-americanos em estudos latino-americanos constitui uma perda imensa na percepção desse espaço. Para evidenciarem suas perspectivas, os autores realizaram entrevistas com latino-americanistas nos Estados Unidos e Reino Unido e também com acadêmicos nos países latino-americanos. A conclusão a que chegam é que os pesquisadores nos países latino-americanos não participam mais efetivamente no contexto internacional (entendendo este como Estados Unidos e Europa) porque se identificam mais como agentes de transformação em seu próprio contexto, motivados a procurar soluções e responder às demandas sociais de sua região, enquanto os acadêmicos americanos e do Reino Unido veem a si mesmos como *experts* na área e motivados pelo desejo

[3] Deixarei, no entanto, o debate sobre a validade ou viabilidade de tais estudos àqueles que se dedicam a eles. Aqui, repito, restrinjo-me a falar de estudos brasileiros.

de provocar com seus estudos algum impacto sobre o conhecimento acerca da região.

O estudo é acurado e traz muitas luzes sobre a compreensão do que é o universo acadêmico nos países chamados de latino-americanos e o entendimento que os pesquisadores desses países têm sobre o que é estudar 'latinoamérica'. As conclusões desfazem algumas das ideias preconcebidas, tais como a de que acadêmicos latino-americanos não participam mais ativamente da comunidade acadêmica internacional (repito, os autores entendem internacional como Estados Unidos e Reino Unido) por questões de limitação com a língua inglesa, insuficiente treinamento sobre publicações acadêmicas ou falta de recursos. Um ponto, no entanto, ressalta para mim em todo o estudo, e aqui o cito literalmente:

> *Our research shows that even for those who have training and language skills, US\UK journals themes and topics of interest (many times highly theoretical) are not their main concern. As one of our interviewees said (referring to US\UK journals), "Their research questions are not our research questions".* [Um e Pereyra-Rojas, 2015:235]

Essa afirmação do entrevistado é extremamente reveladora e aponta exatamente para o cerne do que são estudos de área, a meu ver. Estendendo-a e matizando-a, pode-se claramente notar que essa afirmação do entrevistado lança luz à necessidade de se entender que há uma radical distinção na compreensão do que são estudos de área. Entendê-los como busca de criar conhecimento de impacto sobre uma região pode facilmente fazê-los incorrer em um colonialismo travestido de interesse honesto em certa área do mundo (outra vez o exótico?). Afinal, continua-se assim a objetificar o outro.

Aqui devo recorrer a Edward Said e traçar um paralelo entre sua crítica ao "orientalismo" e o conceito de América Latina. Entre suas várias definições de "orientalismo", podemos substituir esse termo (e o termo Oriente) por "latino-americanismo" (e América Latina) e não me parece que estaríamos forçando interpretações. Said diz que "orientalismo" pode ser: "*uma tradição clássica de estudo*"; "*o modo de encarar o Oriente*"; "o modo ocidental de dominar, restruturar e exercer o poder sobre o

Oriente"; "um conjunto de ideias circunscritas a valores, apresentados de modo generalizado, mentalidade, características do Oriente"; "uma instituição corporativa de conhecimento responsável pelo perpetuar dos estereótipos"; "um arquestilo de pensamento assente numa distinção ontológica entre o Oriente e o Ocidente" e "o sistema de representação do Oriente patente na ciência, consciência e nas políticas do império" (Said, 1978). O que Said está nos dizendo é como um eurocentrismo político e acadêmico apoderou-se, desfigurou e assimilou um 'outro', dando a ele o nome de Oriente, e dessa maneira estruturou a percepção e o conhecimento produzido sobre ele, forjando um vocabulário, uma sintaxe, um imaginário. Traduzindo para o que disse o entrevistado da pesquisa de Mu e Pereyra-Rojas, houve uma imposição de *research questions* sobre o Oriente e o orientalismo é a resposta encontrada: um conjunto de categorias, valores e teorias que respondem a necessidades políticas e sociais do eurocentrismo político e acadêmico, sem perguntar pelas *research questions* do Oriente. Um pouco do que se faz com os estudos latino-americanos.

Nesse sentido, a contribuição dos estudos de área que procurem não pela objetificação de um país ou região, mas que realmente procurem pelas perguntas que esse país ou região põe ao mundo como um todo é que faz a grande diferença na percepção. Enfim, um giro epistemológico interessante, descolonizador. E arriscado.

Enfim, não me parece que estamos de fato sendo pós-coloniais quando circunscrevemos um horizonte hermenêutico em torno de um conceito de estudos latino-americanos que se pretenda aplicável a todos os contextos sócio-histórico-culturais presentes nos países da chamada América Latina (até porque o conceito em si já é colonial, considerando-se que a 'latinidade' é herança imposta ao continente). Não estou com isso defendendo, como já disse, um exclusivismo de estudos brasileiros que não dialoguem com outros estudos de área. Defendo, porém, que esse diálogo se estabeleça não por imposições disciplinares que não se justificam epistemologicamente. Compreendo que os diálogos com outros estudos de área devam acontecer na observação das diversas interações sócio-histórico-culturais pelas quais este espaço chamado Brasil passou e vem passando, interna e externamente. Assim, me posiciono como brasilianista, e nessa posição posso fazer estudos brasileiros em relação à América Latina, à África (e suas pluralidades de espaços), à Europa etc. Bem como em relação aos múltiplos sujeitos no espaço sócio-histórico-cultural que chamamos Brasil, como os indígenas, as comunidades de imigrantes europeus, as diversas culturas de raízes africanas.

O conceito de América Latina, visto dessa maneira, não é tomado como um categórico natural, mas como um constructo conceitual. Como construção conceitual, serve para certos fins analíticos e críticos, porém não se esgota, ou esgota os significados díspares e múltiplos de cada um dos componentes desse conceito, a saber, os países latino-americanos. Outros constructos são necessários, não para desconstruir esse de América Latina, mas para justamente mostrar sua validade em determinadas circunstâncias nas quais essa categoria epistemológica seja o conceito que permitirá um posicionamento crítico, talvez pós-colonial, talvez não. Em outras palavras, estudos brasileiros são tão latino-americanos quanto africanos, atlânticos, europeus, ameríndios, asiáticos, ou qualquer outro conceito construído que permita diálogos entre condições sócio-histórico-culturais ilustrados pela ideia de estudos de área.

O lugar ou função de estudos de área que não sejam nacionalizantes ou nacionalistas

Ainda seguindo o procedimento que estou adotando até aqui, quase apofático, cabe ainda outra explicação do que não acho que sejam estudos brasileiros. Parece-me que há um risco de se pensar que seja um estudo que tenha algum caráter nacionalizante ou nacionalista. Dito de outra forma, há um risco em se pensar que estudos brasileiros ajudarão à construção de uma ideia do que seja Brasil, como nação ou instituição. Ou mesmo que os estudos brasileiros esclarecerão uma suposta identidade nacional. Parece-me que já estamos distantes daqueles anos de 1920 e 1930, quando um interesse moderno de se 'conhecer o Brasil' mais profundo, de se documentar, registrar, fotografar, etnografizar um Brasil pré-moderno em vias de desaparecimento ante a onda de progresso modernizante era a tônica e norteou centenas de estudos do, outra vez, objeto Brasil.

Parece-me que estudos brasileiros têm um papel fundamental justamente na desconstrução de uma macronarrativa nacional, de um nacionalismo metodológico, para o Brasil, e em seu rigor acadêmico seja campo para que vozes subalternadas e negligenciadas encontrem seu espaço e contribuam na reformulação de um discurso do qual sempre fizeram parte (e continuam fazendo), porém como objetos. Os estudos brasileiros, a meu ver, devem se preocupar menos em falar de um único Brasil, mas promover e permitir vários olhares e vozes epistemológicas, cosmológicas e até mesmo ontológicas, resultantes dos históricos conflitos identitários que tiveram e têm como palco esse espaço chamado Brasil.

Nesse sentido, os estudos brasileiros têm talvez uma importância singular em evitar o que Spivak (1994) explicita em seu texto "Can the subaltern speak?". Nesse ensaio, originalmente publicado em 1988, Spivak demonstra suas preocupações sobre como os processos pelos quais os estudos pós-coloniais, ironicamente, reinscrevem ou relatam imperativos de dominação neocoloniais, muitas vezes em novos modelos de reapagamento de culturas, cúmplices de novos modelos sofisticados de imperialismos. Spivak questiona se o pós-colonialismo não seria outro modelo eurocêntrico, privilegiado, acadêmico, masculino de discurso institucionalizado que objetifica o outro (subalternado) de maneira semelhante aos modelos de dominância colonial que pretende criticar.

Em *Dialética da colonização* (1992), Alfredo Bosi, em um capítulo sobre a atuação catequética de Anchieta, relembra que:

> Quando escrevia para os nativos, ou para colonos que já entendiam a língua geral da costa, o missionário adotava quase sempre o idioma tupi. O trabalho de aculturação linguística é, nesses textos, a marca profunda de uma situação historicamente original. O poeta procura, *no interior dos códigos tupis*, moldar uma forma poética bastante próxima das medidas trovadorescas em suas variantes populares ibéricas [...]. Redondilhas, quintilhas, consonâncias finais: estamos no coração das praxes métricas da península, agora transplantadas para um público e uma cultura tão diversos. [...] O projeto de transpor para a fala do índio a mensagem católica demandava um esforço de penetrar no imaginário do outro, e este foi o empenho do primeiro apóstolo. [Bosi, 1992:64-65]

Ampliando essa leitura para o propósito deste texto, a meu ver, há um risco de se proceder dessa mesma maneira no que diz respeito aos estudos de área hoje. O risco de moldar-se, com a língua do outro, um imaginário que lhe é alheio, mas, por ser expresso em sua própria língua, dar a impressão que desse outro está falando. Não estou aqui, obviamente, falando sobre língua propriamente dita, mas sobre o discurso em geral. A proliferação de teorias de estudos culturais no âmbito dos estudos de área — muitas delas pós-coloniais (e desconstrucionistas, pós-modernas, de subalternidade etc.) —, em sua maioria em 'formas poéticas' europeias, acaba por proceder a esse mesmo 'esforço de penetrar no imaginário do outro', como Anchieta na catequização. A impressão é que esse subalternizado está falando, porém, dependente de um discurso que não é seu, reproduzindo com isso um eurocentrismo reforçador de seu lugar de objeto.

O desafio de estudos de área, e estudos brasileiros especificamente, é permitir que os imaginários diversos, com suas ontologias, epistemologias, cosmologias, originados no espaço sócio-histórico-cultural que chamamos Brasil, expressem-se em suas ou em outras línguas, não apenas para expressar suas leituras sobre si mesmos, mas também para formular suas perguntas críticas mais globalmente, representando, com isso, alternativas de pensamento subjetivo e não apenas oferecendo objetos a serem iluminados e explicados. E que também se apresentem como crítica a teorias eurocêntricas ou coloniais que se pretendem universalistas.

Nesse sentido, considerando-se a multiplicidade de epistemologias, ontologias e cosmologias originárias nesse espaço sócio-histórico-cultural chamado Brasil, não se está definitivamente propondo um pensamento brasileiro, como nacional, único. Isso nos leva a dizer que faz muito sentido falar-se de estudos brasileiros também no Brasil, e não apenas aquele modelo de entendimento de que estudos brasileiros eram feitos por estrangeiros estudando o Brasil.

Então, o que são estudos brasileiros? O que é um brasilianista?

Pois bem, até aqui este texto foi feito com muitas negativas. Até agora procurei mais dizer o que penso não ser um brasilianista e o que não são estudos brasileiros do que procurei defini-los. Honestamente, como já confessei no primeiro parágrafo do texto, não tenho uma resposta para essa pergunta. E também, honestamente, venho procurando construir algum horizonte de compreensão em torno do que venho entendendo como estudos brasileiros e o que é um brasilianista.

Pereira, em seu já citado texto para o número inaugural para a revista *Brasiliana — Journal for Brazilian Studies*, que iniciei em 2012 na universidade de Aarhus justamente para ser um fórum acadêmico de debates sobre os estudos brasileiros, conclui seu texto com as seguintes palavras:

> *Today, professional academics are pressured into becoming more and more specialized. Nevertheless, I agree with Gildo Marçal Brandão (2007) that modern academic specialization is a barrier to asking and answering the really interesting questions about Brazil's economic, political, social, and cultural trajectory. One solution to this dilemma is to bring academics from a number of different disciplines together, and give them the liberty to collaborate, teach, and research together, focusing on selected issues concerning Brazil. This is what many contemporary centres and institutes focusing on Brazil in universities do. An alternative is for an individual to try to emulate Oliveira Lima and become a wide-ranging generalist, capable of reading broadly in the humanities, history, and social science, and interpreting Brazil to a non-specialist audience. This is a more difficult option in the modern university, but an appealing one nonetheless.* [Pereira, 2012:18]

A perspectiva do professor Pereira descreve bem o Brazil Institute, fundado e dirigido por ele mesmo, no King's College London, e onde também sou professor. O instituto caracteriza-se por uma multidisciplinaridade entre seu corpo de professores e pesquisadores e é uma das mais sólidas instituições voltadas para os estudos brasileiros na Europa. Além dessa perspectiva multidisciplinar, buscamos também no instituto provocar essa reflexão em torno do significado do termo estudos brasileiros e o que significa ser um brasilianista. Ampliando o que diz Pereira, busco por uma terceira opção às duas apresentadas pelo diretor do Brazil Institute, a de criação de grupos multidisciplinares ou do pesquisador mais generalista, como Oliveira Lima.

Para tentar explicar melhor essa terceira opção de compreensão do que proponho como estudos brasileiros, recorro ao que Derek Pardue escreveu na introdução de seu livro sobre *hip-hop* em São Paulo (2011):

> *I left the United States to Brasil in 1995 looking for a different way of thinking about the world. I remember having conversations with graduate students, librarians, and faculty members at PUC (Pontific Catholic University) and USP (University of São Paulo). I wanted them to point me in the right direction so that I could become acquainted with Brazilian paradigms of social theory. While, of course, the content of the research projects discussed was Brazilian, new paradigms were not forthcoming. In fact, the more I studied and participate in seminars, I realized that Brazilian scholarship in the social sciences (especially anthropology) was and continues to be, for the most part, depending on trends in British history, French sociology, and American cultural anthropology. I remained frustrated until I discovered the dependence does not require imitation. Dependence and adaptation are not, of course, mutually exclusive. Many early Brazilian scholars (Freyre, 1933, 1936; Buarque de Holanda 1936; Cunha 1903) distinguished themselves by reworking European and U.S. theories of "culture"; which themselves were based on observations or imaginations about "other" places such as Brazil. In fact, relations of dependence, whether in intellectual theories or in popular culture, reflect much more about relative positions in transational markets of material and ideological production than about issues of cultural meaning or use.* [Pardue, 2011:9-10]

Essa observação de Pardue serviu-me como um ponto de inflexão no que venho entendendo como estudos brasileiros. Mais que uma mudança de paradigmas, o que me parece necessário para o entendimento do que são estudos brasileiros em particular, e estudos de área em geral, é uma mudança sintagmática. Não é simplesmente a inclusão de outros, novos paradigmas, cartesianamente falando, mas a maneira como sintagmaticamente lidamos com paradigmas, novos e velhos. Essa mudança de posição sintática, portanto, mudança hierárquica, seria de fato o que estou chamando de colocar o Brasil na posição de um sujeito crítico, e não apenas na de objeto de estudo.

Claro que não estou aqui falando de revoluções epistemológicas, mas da necessidade de se perceber o que Pardue fala sobre dependência e adaptação, e, consequentemente, diálogo. Não simplesmente de adaptação linguística, da mesma maneira como Anchieta — e os jesuítas procederam — na colonização. Mas um diálogo aberto ao sotaque, e aqui estou referindo-me ao que Teresa Caldeira chamou de pensar com sotaque (Caldeira, 2000:9), quando reflete sobre seu fazer acadêmico transpondo sua sintaxe portuguesa ao inglês, quando escreve nesta língua. Uma transposição que não traz apenas sotaques linguísticos, mas também epistemológicos, ontológicos e cosmológicos, frutos não só de sua língua primeira — o português — mas de uma condição existencial da qual a língua é parte importante. Resultados, nesse sentido, são realidade.

Estudos brasileiros, dessa forma, seriam necessariamente um pensar com sotaque, que provoca uma mudança sintagmática dependente e adaptante de paradigmas vários. Exemplos, temos já alguns, como o perspectivismo de Eduardo Viveiros de Castro, a própria antropofagia cultural (entendida para além do *Manifesto antropófago*, de Oswald de Andrade), o conceito de síncope na música e cultura brasileira (tema ao qual dedicamos um dossiê na *Brasiliana*). Tantas outras epistemologias, cosmologias e ontologias indígenas, de raiz afro-brasileira, e plurais desse espaço sócio-histórico-cultural chamado Brasil convidam a essa provocação sintagmática.

Como assumi no início do texto, não tenho respostas efetivas para o que considero como estudos brasileiros ou o que é ser brasilianista. No entanto, continuo me assumindo um e no exercício de buscar por essas respostas exercito também um pensamento crítico. Com sotaque, sem dúvida. Neste texto, tentei esboçar algumas das reflexões que vêm surgindo nesse exercício crítico. Não pretendo aqui ter feito um manifesto, mas estarei satisfeito se o texto provocar outras reflexões que porventura sirvam para a ampliação do lugar e valor dos estudos brasileiros, em uma posição não subordinada e objetiva, mas como construto subjetivo de produção do conhecimento.

Referências

BETHEL, Leslie. Brazil and 'Latin America'. *J. Lat. Amer. Stud.*, v. 42, p. 457-485, 2010.

BOSI, Alfredo. *Dialética da colonização*. 3. ed. São Paulo: Companhia das Letras, 1992.

BUARQUE, Daniel. *Brasil, um país do presente*. São Paulo: Alameda Editorial, 2013.

CALDEIRA, Teresa. *City of walls*. Crime, segregation and citizenship in São Paulo. Berkeley: University of California Press. 2000.

MU, Enrique; PEREYRA-ROJAS, Milagros. Impact on society versus impact on knowledge. Why Latin American scholars do not participate in Latin American Studies. *Latin American Research Review*, v. 50. n. 2, p. 216-238, 2015.

ONUKI, Janina; MOURON, Fernando; URDINEZ, Francisco. Latin American perceptions in comparative perspective. Regional identity and contested leadership. *Contexto Internacional*, forthcoming 2016.

PARDUE, Derek. *Brazilian hip hoppers speak from the margins*. Nova York: Palgrave Macmillan, 2011.

PEREIRA, Anthony. Brazilian studies: then and now. *Brasiliana — Journal for Brazilian Studies*, Aarhus, v. 1, n. 1, p. 3-21, 2012.

RIBEIRO, Darcy. *Ensaios insólitos*. 2. ed. Rio de Janeiro: Ludens, 2011.

SAID, Edward. *Orientalism*. Londres: Routledge & Kegan Paul, 1978.

SPIVAK, Gayatri Chakravorty. Can the subaltern speak? In: WILLIAMS, Patrick; CHRISMAN, Laura (Ed.). *Colonial discourse and post-colonial theory*: a reader. Hertsfordshire: Harvester Wheatsheaf, 1994.

CAPÍTULO 2

Gilberto Freyre e a autopercepção brasileira*

Maria Lúcia G. Pallares-Burke

À PRIMEIRA vista, parece que se gastou muita tinta com o tema, nada havendo de novo a ser dito sobre a construção e a negociação intelectual dessa entidade imprecisa, a autopercepção brasileira. No entanto, o objetivo deste artigo é oferecer uma pequena contribuição para o assunto por meio de uma abordagem explicitamente comparativa, articulando visões estrangeiras (especialmente norte-americanas) e de brasileiros sobre o Brasil e colocando o impacto de Freyre nesse contexto mais amplo.

Durante a concorrência para sediar os Jogos Olímpicos de 2016, o presidente Lula fez um discurso que incluía observações extremamente reveladoras:

> Somos um povo apaixonado por esportes, apaixonados pela vida. Um Brasil de homens e mulheres de todos os continentes, todos orgulhosos de suas origens e mais orgulhosos de se sentirem brasileiros. Não só somos um povo misturado, mas um povo que gosta muito de ser misturado. É o que faz nossa identidade.

Essa passagem é um exemplo recente do uso oficial da ideia de Freyre a respeito de identidade brasileira; certamente a serviço de um objetivo específico, mas visto como algo certo, como se todos no país concordassem com a descrição do Brasil como a terra de um povo alegre e feliz, "apaixonados pela vida"; onde todo mundo vive em harmonia e é amigável com o outro, mostrando esses sentimentos com sorrisos

* Tradução de Pedro Barros.

largos e gestos carinhosos (como o filme feito para a ocasião mostra repetidamente); em suma, pessoas orgulhosas e felizes por serem um povo misto.

Logicamente, alguém poderia levantar a questão da dificuldade de definir o que significa ser brasileiro, assim como ser inglês ou francês (por exemplo), e aí até questionar se esse tema deveria ser discutido, como sugerem os estudiosos que se manifestam contra a presente discussão nacional sobre o que significa ser francês, lançada pelo Ministério da Imigração e da Identidade Nacional. Afinal de contas, desde a publicação do aclamado livro de Benedict Anderson (2008), *Comunidades imaginadas*, e o de Eric Hobsbawm e Terence Ranger (1984), *A invenção da tradição*, tornou-se ponto pacífico que uma nação é uma construção, sem uma essência fixada para sempre, mas que sofre um processo de formação ou mesmo "invenção" em que o imaginário coletivo ou imagens compartilhadas são elementos poderosos.

Neste momento basta aceitar a ideia de que o conceito de identidade nacional é marcado por transitoriedade e precariedade, uma vez que é sempre um produto cultural construído ao longo do tempo, e não construído em um vácuo. O caso do Brasil, em particular, mostra que sua "identidade" — ou uma de suas identidades mais poderosas, já que se pode dizer que povos e nações têm múltiplas identidades (Sen, 2015) — tem sido associada a sua origem racial heterogênea, incluindo povos indígenas, colonizadores portugueses e escravizados africanos que chegaram ao país em maior número do que em qualquer outro nas Américas.

A imagem do Brasil que Lula apresentou como "nossa identidade" (apesar de ser costumeiramente denunciada, no próprio Brasil, como mera idealização) não se limita ao país, mas se tornou parte da imaginação do público estrangeiro também. Analisando a imprensa internacional e conversando com estrangeiros, sempre se encontra a associação do Brasil com carnaval, futebol, sol, praias e sexo, mas talvez, acima de tudo, com hibridismo cultural, mistura racial e ausência de discriminação em razão de cor.

Um exemplo que ilustra muito bem essa última associação é o caso da cantora pop afro-americana Dionne Warwick, que, em entrevista ao *The Observer*, explicou por que se mudou para o Brasil e decidiu fazer do país sua casa. Entre as razões para essa mudança, ela menciona valores familiares, música e, acima de tudo, a liberdade de ser quem quiser — negra e mulher — sem ser estigmatizada. "Para mim, o Brasil é o paraíso. É mesmo. Acho que é onde Deus vive", diz (*The Observer*, 14 jul. 2002). Recentemente ouvi opinião semelhante a respeito do Brasil de um taxista em Nova York, uma experiência que sei que muitos outros brasileiros têm no exterior. Ao descobrir que sou brasileira, deu um sorriso largo, dizendo: "Ah, Brasil, adoraria morar lá. Tenho pensado muito em ir para Salvador" — que, curiosamente, foi o lugar escolhido por Warwick para ser seu novo lar.

Qual caminho ele percorreu para ter essa imagem do Brasil? Essa é a pergunta que me intrigou na época, e uma das maneiras possíveis de respondê-la é olhar para uma longa tradição da imagem do Brasil no exterior, da qual Freyre representa apenas uma parte, ainda que importante.

I

Essa imagem positiva do Brasil é, sem dúvida, controversa, principalmente porque está ligada à ideia de que o "arco-íris de cores" que caracteriza a população é uma prova de que o país é um paraíso de relações raciais — uma associação que tem sido cada vez mais contestada nas últimas décadas.

Meu objetivo aqui é refletir sobre como essa ideia é recebida e sua intrigante resiliência; uma resiliência que tem sido ao mesmo tempo agradável e exasperante para brasileiros e estrangeiros ao longo de sua história. O que tentarei fazer é seguir a sugestão de que, quando se discute relações raciais, é importante distanciar a análise de uma abordagem puramente nacional, incorporando conexões transnacionais. Mesmo no caso de identidades nacionais e da autopercepção de um povo, não se pode ignorar o fato de que são frequentemente resultado de um "fluxo transnacional de ideias, imagens, práticas e instituições"; em outras palavras, de um "diálogo complexo" entre diversos interlocutores (Andrews, 1996:483-507). O desenvolvimento do conceito de democracia racial como a consequência social positiva da miscigenação, por exemplo, tão central para a identidade brasileira, ou uma de suas identidades, não pode ser compreendido corretamente se não considerarmos o diálogo entre brasileiros e norte-americanos.

A seguir, simplesmente chamarei atenção para alguns exemplos, de muitos possíveis, em um rico campo de oportunidades para investigações mais aprofundadas.

Existe um consenso virtual, pelo menos entre acadêmicos, de que uma mudança dramática na autopercepção dos brasileiros ocorreu no início dos anos 1930, e que o "arqui-ideologista" dessa nova percepção foi Gilberto Freyre (Cleary, s.d.). A mudança foi tão grande que se pode dizer que o Brasil foi reinventado e que a baixa autoestima nacional, tão profundamente arraigada, sofreu um grande golpe. Tanto os críticos como os admiradores de Freyre falam dele como o "inventor" do Brasil, e ele mesmo, certa vez, chamou-se de um segundo Pedro Álvares Cabral, o português que "descobriu" o país em 1500. Essa descrição tem seus méritos, visto que a imagem positiva da mistura de raças, que se supõe que Freyre inaugurou, era praticamente inexistente antes de 1930. Até então, a mistura de raças e culturas geralmente era vista negativamente, por brasileiros e estrangeiros. Criado pela miscigenação de "três raças tristes"— quando se acreditava que miscigenação implicava degeneração —, achava-se que o país não tinha uma identidade própria. No exterior, Louis Agassiz, cientista suíço estabelecido nos Estados Unidos, era uma autoridade frequentemente citada sobre o tema da miscigenação racial: "Aqueles que põem em dúvida os efeitos perniciosos da mistura de raças e são levados, por falsa filantropia, a romper todas as barreiras colocadas entre elas deveriam vir ao Brasil. Não se pode negar a deterioração devida à fusão de raças [...]" (Agassiz apud Stoddard, 1981:210).

Pela visão predominante, preguiça, indolência, fraqueza intelectual, imoralidade e corrupção eram associadas a miscigenação, e achava-se que isso explicava bem o que havia de errado com o país ou dificultava seu desenvolvimento futuro. Como consequência do hibridismo, acreditava-se que o país sofria de falta de ânimo, complexo de inferioridade e certa tristeza, o que o famoso escritor Paulo Prado considerava parte do caráter brasileiro. *Retrato do Brasil*, seu famoso livro de 1928, onde se refere a "vícios de nossa origem mestiça" e ao Brasil como "o reino da mistura", *começa* assim: "Em uma terra radiante, vive um povo triste". Descrito na época como um "ensaio sobre a profunda frustração de ser brasileiro", o livro de Prado representou um país cheio de promessas não cumpridas, que não progrediu, mas apenas "vive e cresce como uma criança doente".[1]

Nesse contexto, uma possível solução era o embranquecimento da população, defendido, entre outros, pelo sociólogo brasileiro Oliveira Vianna, que apresentou suas ideias no momento em que a imigração em massa da Europa transformava o Sul do Brasil. Ele via esse processo como uma muito necessária "arianização" do país, a única forma de colocá-lo no caminho certo para o desenvolvimento e a civilização — como a Argentina sabiamente já estava fazendo.

Assim, quando Freyre apresentou suas ideias sobre mestiçagem em *Casa-grande & senzala* (1933 — a partir de agora, referido apenas por *Casa-grande*), virando do avesso o senso convencional, suas teorias eram incomuns e vistas ou como chocantes ou como fascinantemente subversivas e bem-vindas. Após ensaios de Vianna, Prado e outros, a intervenção de Freyre no debate sobre interpretações do Brasil inevitavelmente representava uma ruptura acentuada com o pessimismo que prevalecia.[2]

Sua ênfase na interpenetração das três culturas (ameríndia, africana e portuguesa), que via como enriquecedora e poderosa, e na especial importância de tradições africanas para a formação da cultura brasileira, que ele descrevia como a "missão civilizadora" desse povo chamado de inferior (de acordo com a então triunfante "ciência das raças"), chocou parte do público brasileiro. Quando, logo depois, também expressou essa ideia no Congresso Afro-Brasileiro, organizado por ele em Recife, em 1934, alguns críticos chegaram a descrever o Congresso como "bolchevique" e exigir que fosse encerrado (Levine, 1973:185-193).

Particularmente chocante foi a famosa afirmação que abre um capítulo de *Casa-grande*: "Todo brasileiro, mesmo o alvo, de cabelo louro,

[1] Prado (1997); compare a maneira como Olavo Bilac, pouco tempo antes, se referiu à música brasileira como a "flor amorosa de três raças tristes", citado em Haberly (1983:1).

[2] Para um retrato intelectual de Gilberto Freyre, situando-o em contextos nacionais e internacionais, ver Burke e Pallares-Burke (2008).

traz na alma, quando não na alma e no corpo [...] a sombra, ou pelo menos a pinta, do indígena ou do negro". Foi por causa desse enaltecimento aberto à miscigenação que as ideias de Freyre foram rejeitadas na ocasião como "um novo tipo de racismo: o racismo mulato" — uma crítica feita ainda hoje (Ghioldi, 1975-77: v. 4, p. 16-44; Mello, 2001:24).

A descrição do sistema patriarcal em geral e das atividades sexuais dos lavradores em particular como benignos, e como a fonte da relativa harmonia social que se tornou parte do caráter do país, tem sido outro grande alvo de crítica, e Freyre é frequentemente acusado de oferecer uma imagem idealizada do Brasil colonial e de produzir mitos em vez de história (Cardoso, 1993:21-36). Em verdade, na perspectiva da autopercepção dos brasileiros, é particularmente importante a ideia, muito empregada, mas também muito criticada, de "democracia racial", um conceito que se pode considerar implícito em *Casa-grande*, porém que não se originou com Freyre, embora ele o tenha refinado e desenvolvido.[3]

Longe de ser aceito por todos, o ensaio de Freyre foi inevitavelmente criticado por quase todos os possíveis pontos de vista, tanto de direita como de esquerda. Alguns leitores acreditavam que o autor era marxista, mas marxistas o rejeitaram por o considerarem reacionário. Alguns críticos acusavam Freyre por sua falta de atenção a fatores econômicos, outros pelo materialismo excessivo etc.

Por outro lado, muitos dos primeiros comentadores e leitores ficaram entusiasmados com o livro. Amigos de Freyre diziam que ele estava ficando conhecido no Rio como o "Ulisses" de Pernambuco. A "hora sobre educação" em uma rádio nacional muito popular teve um programa dedicado à apresentação do livro para todo o país. Ele era comparado ao "cometa Halley", um "terremoto" que "abalara toda uma geração", mudando a imagem que os brasileiros tinham de sua cultura. Foi descrito como uma "revolução" no desenvolvimento nacional por ter nos revelado "para nós mesmos", como observou o escritor Monteiro Lobato. "Não passaríamos sem *Casa-grande & senzala*, sem sermos

---

[3] Sobre a história da ideia, ver Cruz (disponível em: <www.fundaj.gov.br/tpd/128.html>. Entre as discussões críticas podemos citar: Costa (2000:234-246); Hanchard (1994:43-74); Vianna (2001) e Guimarães (disponível em: <www.fflch.usp.br/sociologia/asag/Democracia%20racial.pdf>).

outros", concluiu o respeitado antropólogo Darcy Ribeiro, na década de 1970, no que talvez seja o mais eloquente elogio que o livro jamais recebeu. "Freyre fundou o Brasil no plano cultural tal qual Cervantes a Espanha, Camões a Lusitânia, Tolstói a Rússia e Sartre a França".[4]

O sucesso de *Casa-grande* não se confinou apenas a intelectuais, e o público em geral se interessou bastante em participar de celebrações como o baile organizado pela Embaixada da França com o tema "A casa-grande e a senzala", em que todos os presentes deveriam vestir-se como uma personagem inspirada no livro. Ao longo dos anos, *Casa-grande* alcançou uma popularidade que poucos livros de história tiveram, tendo apelo não apenas para acadêmicos, mas para um público mais amplo, e seu autor, como um crítico afirmou, "atingiu o *status* de ícone popular" (Cleary, s.d.). Além de mais de 40 edições e traduções em nove idiomas, foi transformado em livro de quadrinhos e minissérie televisiva, usado como enredo para desfiles de escola de samba, seu título deu nome a um hotel no Nordeste do país, e dois diretores (um deles, Roberto Rossellini) planejaram transformá-lo em filme.

Também inspirou romances e músicas, e essas diferentes mídias transmitiram para um público muito mais amplo um conjunto de ideias que poderia ter ficado confinado a um grupo bem menor. Muitas obras do romancista Jorge Amado, por exemplo, podem ser vistas como uma tradução para ficção de temas que são centrais em *Casa-grande*, nomeadamente sexo, miscigenação e tradições africanas. *Tenda dos milagres* (de 1969) ficciona o debate sobre mestiçagem, e o autor defende a ideia de que "existe apenas uma solução para o problema racial, a mistura de sangue. Não existe nenhuma outra solução, apenas aquela que nasce do amor" (Amado, 1971).

Já se disse, muito bem aliás, que uma das razões para o sucesso da *Casa-grande* a longo prazo, se não imediato, era que dizia ao público brasileiro "algo que ele queria ouvir" (Maybury-Lewis, 1986:lxxxvi). Afinal de contas, a ênfase de Freyre na questão da mestiçagem transformou em solução o que era antes percebido como um problema, alegando que ser misturado não era um obstáculo para o desenvolvimento de uma identidade brasileira, mas, sim, sua própria identi-

[4] Sobre a recepção de *Casa-grande*, ver Burke e Pallares-Burke (2008:89-94).

dade. Mesmo quando não se tem consciência do papel de Freyre na construção dessa identidade brasileira, isso só prova que suas ideias se tornaram parte de uma importante maneira de os brasileiros se verem. Em outras palavras, Freyre foi, por assim dizer, uma "vítima" de seu próprio sucesso. Ele é, na verdade, o "interlocutor oculto" a quem sempre se voltam críticos e entusiastas da imagem do Brasil que Lula descreveu para um comitê internacional, seja para apoiá-la ou criticá-la (Florentino, 2007:91).

II

Mas a mera ruptura com o passado que Freyre parece representar não seria muito justa se não se levar também em conta a existência de um diálogo complexo com o discurso estrangeiro sobre o Brasil. E se tentarmos entender a resiliência da visão de Freyre, uma das coisas que também temos de considerar é o papel desempenhado pelo "outsider", os de fora; em outras palavras, o diálogo entre discursos locais e estrangeiros sobre o Brasil. Ao ampliar o quadro de referência, como sugerimos antes, torna-se claro que tem ocorrido um debate sobre questões raciais há quase dois séculos entre Estados Unidos e Brasil, e que os dois países, em diferentes momentos, se definiram como em contraste com o outro.

O diálogo entre EUA e Brasil — o primeiro considerado incorporador de uma realidade completamente diferente e invejável — torna-se bastante visível após a Guerra Civil norte-americana, quando o chamado "problema racial" exigia soluções que não fossem a segregação e a violência da era da Reconstrução. No entanto, já foi argumentado que, mesmo muito tempo antes, os abolicionistas de ambos os países "construíram pouco a pouco a imagem do Brasil como uma sociedade imune à violência racial". Já na década de 1830, a imaginação abolicionista norte-americana havia absorvido a ideia de que os EUA tiveram os senhores de escravos mais cruéis de toda a história da escravidão moderna e antiga, sendo estabelecido o contraste entre o "inferno racial norte-americano e o paraíso racial brasileiro". Essa visão otimista do Brasil parece ter sido parte de um enorme esforço para inculcar, nos senhores de escravos do sul e em seus aliados do norte, um senso de vergonha por seu "pecado duplo, de escravidão e racismo". E quando, mais tarde, o movimento abolicionista brasileiro se desenvolveu, aproveitou muito do que se dizia no exterior a respeito do Brasil (Azevedo, 2003:37-38, 87-88, passim).

Em um discurso em Nova York, em 1858, Frederick Douglass, líder negro e ex-escravo, por exemplo, comparou as situações brasileira e norte-americana, observando, com certa ironia, que

> mesmo um país católico como o Brasil — um país que nós, orgulhosamente, estigmatizamos como semibárbaro — não trata suas pessoas de cor, libertas ou escravizadas, da mesma forma injusta, bárbara e escandalosa que nós [...] A América democrática e protestante poderia muito bem aprender uma lição de justiça e liberdade com o Brasil católico e despótico. [Citado em Azevedo, 1996:150]

Anos antes, em 1848, Douglass já havia mencionado o Brasil como prova de que a escravização de pessoas de cor não implicava necessariamente preconceitos raciais. O fato de negros e mulatos livres terem "importantes posições no Estado, na Igreja e no exército" era ampla evidência da diferença entre os dois países (Hellwig, 1990:44).

Não foi necessário, portanto, aguardar a Guerra Civil para o Brasil se tornar o que a China ou a Pérsia eram para os contemporâneos de Montesquieu, ou seja, para servir como padrão de comparação para os males de seu próprio mundo. Ao longo da história do que poderíamos chamar de "o culto do Brasil", alguns admiradores chegaram bem próximos de dizer, como Leibniz falou a respeito da China para europeus no século XVIII, que os norte-americanos tinham muito a aprender sobre problemas raciais e que era "quase necessário" que missionários brasileiros fossem enviados para os EUA a fim de ilustrá-los (citado em Lovejoy, 1960:106).

O Brasil era visto então como um possível refúgio para ex-escravos que consideravam insuportáveis as condições nos EUA, e planos para emigração para aquele país surgiram no final do século XIX e seguiram até pelo menos a primeira metade do século XX — como atesta amplamente a imprensa negra norte-americana —, ou mesmo até hoje, se os exemplos individuais de Dionne Warwick e do motorista de táxi de Nova York servirem como indicativos.

Já em 1852 o líder negro e intelectual Martin Delany afirmava que não havia futuro para as pessoas de cor nos Estados Unidos. Emigração era a única solução, uma condição tão inexorável para seu desenvolvimento como fora o êxodo do Egito para os judeus. Depois de se decepcionar com a opção da Libéria, ele chegara à conclusão de que "não podemos deixar este continente; a América é o nosso destino e nosso lar". Não o Canadá, ao norte, que poderia facilmente ser anexado pelos Estados Unidos, mas, sim, a "América Central e a América do Sul *devem ser nossos futuros lares*", argumentava. Mas "nossos opressores não querem que mudemos para lá" e tentarão impedir que pessoas de cor cumpram seu principal objetivo: "tornarem-mulheres e homens elevados [...] cidadãos dignos do país que adotem como seu". Assinalava também que na América Central e na América do Sul nunca houve qualquer "desigualdade por causa de raça ou cor". De acordo com o discurso eloquente de Delany,

> este vasto número de pessoas, nossos irmãos [...] estão dispostos a nos conduzir pelas mãos — ou melhor, estão aguardando ansiosamente, e nos estimulando com afinco a ir, avisando que compartilham de nossa causa [...] E nós iremos? Devemos ir, e iremos, e não há alternativa. Permanecer aqui na América do Norte e sermos esmagados por vassalagem e degradação, isso não faremos.[5]

Com o fim da Guerra Civil, não apenas ex-escravos viam o Brasil como um possível refúgio para as condições que consideravam insuportáveis nos Estados Unidos. Bem familiarizados com o país devido "à circulação de convincentes relatos em primeira pessoa publicados em jornais sulistas e livros bastante conhecidos", os confederados, derrotados na guerra, também viam a sociedade escravocrata do sul do continente como um local ideal para retiro daqueles que estavam "decididos a nunca se submeter a governantes negros", como afirmou

[5] Delany. Disponível em: <www.pgdp.net>.

um deles (Nunes, 2008:102). Em março de 1866, um poema publicado em um jornal de Nova Orleans enalteceu a glória desse refúgio sul-americano:

> Oh, dá-me um navio com velas e leme
> E deixe-me partir para o feliz Brasil
> Anseio por sentir sua perpétua primavera
> E apertar as mãos de Dom Pedro, seu rei
> Ajoelhar-me a seus pés — chamá-lo de "Meu Líder Real"!
> E ouvir em resposta "Bem-vindo, meu velho Ross".[6]

Na verdade, a colônia dos confederados no Brasil, que atraiu entre 2 mil e 4 mil emigrantes brancos, é considerada a mais bem-sucedida de muitas outras formadas a convite de diversos governos, do México e Peru à Inglaterra e Egito (Nunes, 2008:102).

Para afro-americanos, por outro lado, a violência no sul e a decepção geral com as promessas sociais e econômicas do norte do país criaram um renovado interesse pela terra prometida, que Delany e outros haviam localizado em outra América, mesmo quando a escravidão ainda não tinha sido abolida lá (Redkey, 1969:176; Woods, 1981:115).

Na *The Crisis* — a revista oficial da Associação Nacional para o Progresso de Pessoas de Cor (NAACP), fundada em 1910 pelo líder negro W. DuBois —, afro-americanos podiam, mais uma vez, ouvir falar de uma sociedade alternativa em que encontrariam o que não tinham em casa. Como observou R. W. Merguson, em "Glimpses of Brazil" [Vislumbres do Brasil], em novembro de 1915,

> o homem de cor ambicioso e inteligente, na busca por campos mais justos para expansão e crescimento, por uma atmosfera não contaminada ou permeada pelas infinitas variedades e formas de preconceito de raça vistas nos Estados Unidos, pode muito bem voltar sua atenção ao Brasil. [Citado por Popp, 2009]

[6] *New Orleans Daily Picayune*, 18 mar. 1866, citado em Hill (1936).

Semelhantes observações lisonjeiras sobre as relações raciais no Brasil — às vezes feitas por líderes negros renomados e confiáveis como DuBois — podem ser encontradas em diferentes órgãos da imprensa negra americana nas primeiras décadas do século XX (Hellwig, 1990). E durante o apogeu do Renascimento do Harlem, na década de 1920, o Brasil e a América Latina representavam "uma encarnação das fantasias românticas e cinematográficas dos Estados Unidos", contradizendo a ideia de que escritores e artistas filiados ao movimento tinham sido inspirados principalmente pela África em detrimento de outros lugares (Popp, 2009).

Acredita-se que a publicação de *A conquista do Brasil*, de Roy Nash, em 1926, tenha contribuído muito para estimular a "reputação invejável" do país como uma nação sem preconceito de cor.[7] Escrito num estilo mais jornalístico do que acadêmico, recebeu críticas muito favoráveis no *New York Times*. Foi apresentado como um livro original e muito aguardado, que "valia a pena ler do começo ao fim", pois oferecia um retrato fiel do Brasil, apresentando a sociedade desses "Estados Unidos da América do Sul" (como o crítico optou por chamar o país) como um "caldo cultural" modelar que os Estados Unidos deveriam seguir.[8]

Com tão boa reputação, não é de admirar que "muitos nacionalistas do período pós-guerra olhassem para o Brasil como uma possível base para o estabelecimento de uma orgulhosa pátria negra", e que, na década de 1920, tivessem sido propostos "diversos planos [...] para promover a emigração" — ainda que nenhum deles tenha tido sucesso (Hellwig, 1990). Por outro lado, o Brasil também era retratado nesse período como um lugar para não se ir caso se sentisse confortável com a vida em uma sociedade segregada. Como observa o personagem de um importante romance de 1928, que fizera uma fortuna no Brasil, o país poderia ser agradável, mas só se "tirassem os negros de lá".[9]

Na década de 1930, com a aproximação da Segunda Guerra Mundial e o antissemitismo nazista sendo discutido na imprensa negra norte-americana, muitas vezes se comparava a discriminação que os

[7] Nash (1926); ver também Nash (1951:247-254, 287, 290).
[8] ARMSTRONG, H. "Brazil — immense, fantastic": Mr. Nash portrays the melting-pot of South America. *New York Times*, 4 jul. 1921, citado em Popp (2009).
[9] Jack Kendry, em *Passing*, de Nella Larsen, citado em Nunes (2008:136).

afro-americanos sofriam com o que os judeus estavam enfrentando na Alemanha nazista, dizendo-se que, ainda que os alemães fossem mais brutais contra sua minoria do que os norte-americanos contra a sua, a semelhança era uma vergonha para o país. Foi nesse contexto que se ouviam referências à América do Sul em geral como um refúgio seguro onde afro-americanos poderiam sentir-se protegidos caso sua situação ficasse ainda mais deteriorada. "Acredito que deveríamos nos preparar para sermos absorvidos pela América do Sul, para que, quando a maré se virar contra nós como está para os judeus alemães, possamos ter alguma proteção e um lugar para ir" (US discrimination..., 1939:2). À medida que a guerra se desenrolava e a perspectiva da derrota alemã tornava-se mais forte, voltaram a ser cogitados os planos de veteranos negros de transformar o Brasil — ou a América Latina em geral — seu lar escolhido. "Quando Johnny retorna para casa marchando, ele não precisa estar marchando em direção a uma vassoura ou um saco de algodão"; ele pode muito bem decidir procurar bons empregos no Brasil, onde "não há nenhum sinal de Jim Crow e onde um de seus maiores presidentes, Nilo Peçanha, era negro", dizia um artigo de maio de 1944. Com esse artigo endereçado especialmente a empresas norte-americanas, como a Ford Motor Company, o escritor argumentava que elas poderiam patrocinar a educação de veteranos negros que, quando estivessem na América Latina, teriam "oportunidade não apenas de melhorar a si mesmos [...] mas também de melhorar as outras pessoas de cor que são seu sangue e sua alma" (Preece, 1944). O desejo de poupar seus filhos da humilhante experiência de lutar "por esse exército de Jim Crow" também foi uma das razões mencionadas para a mudança. "Até mesmo cães e gatos saem de casa quando são maltratados", escreveu um correspondente de Kansas City para o *Chicago Defender* (Lawrence, 1945). Logo após o fim da Segunda Guerra Mundial, o editor do *Los Angeles Sentinel* publicou as respostas do periódico aos "vários militares negros" que tinham escrito para o jornal demonstrando desejo de mudar-se para o Brasil, "tão logo tenham seus documentos de dispensa" e solicitando informações sobre condições de trabalho e requisitos para tirar passaporte (Negro in..., 1946).

Em suma, observações de visitantes, relatos de viajantes, a imprensa negra e mesmo filmes e livros norte-americanos produziram, ao longo das décadas, uma imagem do Brasil como um país com passado semelhante, com uma história comum de escravidão, mas que não tinha a divisão de cor, a violência e o ódio racial que a segregação implica. Uma sociedade, como afirmam alguns admiradores, em que "um homem negro é artista, escritor ou cientista", enquanto nos "Estados Unidos é sempre um 'artista negro' ou 'cientista negro'"; em suma, um lugar onde o negro poderia ser ao mesmo tempo negro e brasileiro, ou melhor, um lugar onde ele é "em primeiro lugar um brasileiro" (Frazier, 1992:126). Uma versão atualizada desse enaltecimento pode ser encontrada em uma edição recente da *The Economist*, em que o caldo cultural do Brasil é descrito como "mais exitoso que o da América. No Brasil não importa a descendência", afirma (A special..., 2009:17).

E a explicação sempre dada para essas qualidades positivas do brasileiro era a grande miscigenação que era parte integrante da história do país. A separação de cor, fonte de tantos males nos EUA, simplesmente não existia no Brasil — a miscigenação a tornou impossível, já que "em muitos casos dividiria famílias", explicava um estudioso (Dr. Frazier..., 1942). A "infiltração do sangue negro" podia ser vista de Manaus ao sul do país, declarava outro viajante entusiasmado. "Os brancos não percebem nenhuma diferença racial. São totalmente alheios a isso. Na verdade, esqueceram-se de que um dia houve demarcações" (Traveller..., 1942). O resultado fraternal desse fenômeno era evidente, de acordo com visitantes: naquela atmosfera acolhedora, podiam observar, em todas as partes, uma confirmação de que, ao contrário do que acontecia em seu país, a emancipação dos escravos não havia deixado um rastro de ódio e ressentimento entre compatriotas brasileiros. Um exemplo disso era o fato de que, no Brasil, "todo mundo comemora o dia da abolição juntos. É um feriado nacional como o nosso 4 de julho", disse um visitante perplexo (Wonderful..., 1992:42).

Às vezes, a determinação de ver o Brasil como uma verdadeira democracia, e não a "democracia simulada" que existia nos Estados Unidos, era tão grande que visitantes e observadores estavam preparados para contradizer quaisquer fatos que sugerissem o contrário, como é o caso da série de relatos apologéticos sobre o Brasil, publicada em 1923 no *Chicago Defender* — o periódico negro mais lido do país —, por Robert Abbott, o fundador do jornal. A série de artigos sobre a viagem de Abbott para o Brasil, descrita como a "realização de um sonho há muito acalentado", é um exemplo comovente da determinação de alguns afro-americanos para encontrar no exterior o que lhes faltava em casa. Quando suas experiências brasileiras contradiziam seus sonhos "há muito acalentados", ele acusava o "preconceito de cor norte-americano" de infectar o país, como quando lhe foram negados quartos em hotéis no Rio de Janeiro e em São Paulo. "Até aqui deparamos com aquele monstro íncubo ["preconceito de cor norte-americano"] que, como uma serpente marinha lendária, ao que parece, tem nos acompanhado até o Atlântico Sul e objetiva encontrar uma morada no Brasil" (Abbott, 1992:61).

Anos mais tarde, quando negros que lutaram na Segunda Guerra Mundial consideravam a ideia de transformar o Brasil em seu lar, ouve-se mais uma vez a reclamação de que a influência "anglo-saxônica" estava corrompendo o Brasil e que "a crescente consciência de cor" tinha muito a ver com a influência norte-americana (Dr. Frazier...,1942). Para os recém-chegados afro-americanos, a perspectiva de bons empregos podia estar ameaçada, já que as novas indústrias brasileiras, em grande parte controladas por capitalistas norte-americanos, estavam sendo infectadas por sua odiosa segregação: "Americanos que controlam o dinheiro basicamente controlam o país" (Schuyler, 1942; Negro in..., 1946).

Focando-se apenas no que confirmava que o país estava em um "estado de absoluta harmonia", Abbott, como tantos outros visitantes dos EUA, apontava "a influência do meio social na mente das pessoas". Ironicamente, como indicam alguns observadores, mesmo os confederados, que tinham fugido da "lei dos negros" para refugiar-se na sociedade escravagista brasileira e fundado uma "Villa Americana", acabaram sendo abrasileirados. Como afirma Abbott, no Brasil "a escravidão não deixou nenhum inconveniente para os negros", e "filhos e filhas brancos desses ex-senhores de escravos casaram-se e misturaram-se livremente com aqueles que são descendentes de escravizados" (Abbott, 1992:65, 74).

Para Roy Nash, já mencionado como autor de um dos mais importantes livros sobre o Brasil na década de 1920 (*A conquista do Brasil*), os confederados norte-americanos "deixaram um pequeno rastro no Brasil, mas o Brasil certamente deixou sua marca neles e em seus descendentes". Todavia, diários e documentos relacionados a esses emigrantes mostram que alguns deles não permitiram que essa assimilação acontecesse; "vieram, viram e voltaram". Ficaram não apenas surpresos, mas estupefatos e mesmo horrorizados, quando perceberam que tinham vindo para um país "em que o critério de cor não era o dominante na classificação social", onde negros e mulatos ocupavam as chamadas "altas posições", mas que, por causa disso, não eram mais considerados negros. Um certo Sr. McCollun, por exemplo — que, mal chegou ao Brasil, já foi embora, para nunca mais voltar —, expressou sua indignação de forma muito clara, dizendo que o Velho Sul era melhor, mesmo com "os malditos *yankees*" (Rios, 1947:150-151).

A recusa dos consulados brasileiros nos EUA em conceder vistos para negros norte-americanos na década de 1920 é outra ocasião em que se pode observar o imenso desejo de preservar a imagem otimista do Brasil. Como eles haviam se tornado prisioneiros de seus próprios sonhos, em vez de considerar suspeita essa recusa, Abbott e outros brasilófilos (como Roy Nash) viam isso como "resultado da propaganda do governo dos EUA e como a usurpação dos direitos do Brasil de fiscalizar a migração".[10] Outro visitante ao Brasil publicou na *Chicago Defender* uma série de relatos eloquentes com o objetivo de convencer compatriotas negros a "enviar nossas crianças, já que as coisas ficam cada vez mais pretas e mais difíceis aqui neste país", assegurando que elas "poderão crescer, evoluir, desenvolver toda a sua capacidade de tornarem-se homens e mulheres". Quanto a preconceitos de raça, ele não dizia que não existiam, mas os que encontrou foram levados para o Brasil pelo povo norte-americano, que estava determinado a, conforme afirmava, carregá-los "para qualquer país que fossem". Quando esteve no Brasil, disse: "Fiz o que pude para encontrar algum vestígio de preconceito" no povo brasileiro:

> mantive os olhos e ouvidos abertos para perceber e fui para todo canto para encontrar. Mas não consegui achar nada. Não existe lá, não existe socialmente, não existe economicamente, não existe politicamente. Não existe mesmo [...] Há capitães de cor e generais

[10] Nunes (2008:126-127); Abbott (1992:58); ver Meade e Pirio (1988:85-110).

no Exército e na Marinha; tiveram presidentes de cor e agora têm senadores e governadores de cor. [James, 1992:47-50]

Apesar de tudo que pudesse contradizer a imagem idílica do Brasil, a mensagem que seguia sendo apresentada em artigos na imprensa, em discursos e na literatura era que o Brasil poderia dar uma solução para problemas raciais norte-americanos, fosse servindo como um modelo de sociedade que, por promover miscigenação, evitava discriminação; fosse sendo uma "terra prometida", um lugar que oferecia a afro-americanos "uma ideia de liberdade e oportunidades que iam além de seus sonhos mais malucos", e para o qual poderiam emigrar, como foi eloquentemente observado por um artigo da *Baltimore Afro-American* em 1916 (Nunes, 2008:120; Opportunities..., 1992:35-36). Pode-se dizer que a visão exposta por Roy Nash anos mais tarde é parte de uma longa tradição. Profundamente desapontado, em 1951, com notícias de um aumento da discriminação racial no país que ele alegava conhecer tão bem, e chocado ao ouvir que afro-americanos importantes tiveram a entrada recusada em hotéis de alta classe no Brasil, fez a seguinte confissão aos leitores da *The Crisis*: "Preferiria ser um negro no Brasil a ser negro em qualquer outro lugar do mundo". E sua explicação para essa "discriminação crescente" era a importação de valores estrangeiros para o Brasil: "quando se começa a importar valores culturais, os maus vêm junto com os bons". Além disso, os hotéis em questão estavam longe de representar o país; eram tão exclusivos, "que apenas os muitos ricos, de qualquer nacionalidade, conseguem frequentá-los" (Nash, 1926:251, 254, 290).

III

Considerando essa história prévia da imagem do Brasil nos Estados Unidos, não se pode dizer que a publicação, em 1946, de *Casa-grande* em inglês apresentasse uma ideia completamente nova. Pelo menos em certo círculo, talvez formado especialmente por afro-americanos, o Brasil já era claramente retratado como um lugar único e paradisíaco em seus jornais e revistas populares, tendo sido até personagem importante em pelo menos dois romances do Renascimento do Harlem no final dos anos 1920: *Passing*, de Nella Larsen, e *Plum Bun*, de Jessie Fauset. Nesses romances, o Brasil aparecia como um símbolo complexo de fuga do racismo e também do desejo utópico por um lugar onde a ideia de raça fosse eliminada (Nunes, 2008:139-142). É razoável dizer, portanto, que a obra de Freyre aperfeiçoou e formalizou a ideia ou o mito popular de miscigenação e relações raciais harmoniosas no Brasil — ou o conceito de "solução brasileira", uma expressão comum por décadas —, dando-lhe a "legitimidade do aval de um cientista social" (Reichmann, 1999:24; Telles, 2004:33-36).

Se, no nível popular, o Brasil era conhecido como um modelo alternativo de relações raciais, no nível acadêmico, entretanto, o conhecimento a respeito do país era bem limitado. O professor William Shepherd, um importante historiador da América Latina durante a primeira parte do século XX — e que, coincidentemente, fora orientador de Freyre na Universidade de Columbia no início dos anos 1920 —, escreveu em 1933, pouco antes do livro de Freyre ser lançado, sobre essa lacuna em estudos de história do Brasil. Exortando "uma pesquisa abrangente e adequada de seu passado", Shepherd menciona a singularidade do que o país alcançou em termos de relações raciais: "Os habitantes do Brasil resolveram o problema da fusão racial como nenhuma outra nação jamais o fez [...]; o Brasil avançou mais do que qualquer outra nação na harmonização de diferenças raciais e na dissipação dos preconceitos associados a elas" (Shepherd, 1933:428-436). Então também não seria demais dizer que a recepção positiva da obra de Freyre — que foi também resultado de um diálogo complexo e teve raízes na experiência do autor com a segregação nos EUA — vinha sendo preparada há um bom tempo.[11]

No Brasil, as ideias de Freyre foram acolhidas pelo regime Vargas e tornaram-se uma ideologia semioficial a ser propagada em decretos públicos, em escolas e nos meios de comunicação nacionais. Similarmente, houve uma tentativa nos Estados Unidos, no início dos anos 1940, de usar a obra de Freyre para aumentar a consciência a respeito da importância da cooperação brasileira contra a perigosa influência dos alemães na América Latina, e é muito provável que a tradução de *Casa-grande* tenha sido consequência dessa preocupação oficial ou semioficial. Jornais

[11] Sobre o início da trajetória intelectual de Freyre e a importância dos anos que passou nos Estados Unidos, ver Pallares-Burke (2005).

frequentemente se referiam à nova situação criada pela guerra, e um artigo no periódico *Common Sense*, em 1942, explicou-a sem rodeios: "Nossos principais aliados estão hoje entre as pessoas de cor da Ásia, da África, das Índias Ocidentais, da América Latina e do Brasil. Esses povos estão nos olhando com suspeita", e nossa relação com eles foi afetada pela "maneira como tratamos o negro norte-americano e por nossa atitude em relação a pessoas de cor". Em suma, é como se houvesse a possibilidade de a guerra entre as nações tornar-se uma guerra por igualdade racial (Frazier, 1992). Já em 1938, a política externa dos Estados Unidos foi desmascarada como falha, por condenar como bárbara a maneira como os judeus eram tratados no Terceiro Reich, no mesmo momento "em que foi derrotada a lei para tornar federal o crime de linchamento" (Foreign..., 1938).

Durante os debates de 1942 na Câmara dos Deputados sobre a "importância do Brasil e do negro para a unidade do hemisfério e a defesa nesta crise que ameaça a segurança de todas as Américas", argumentou-se que os EUA não poderiam ter expectativa "de destruir o nazismo no Velho Mundo se mantivessem preconceitos raciais no Novo". Foi nesse contexto que as "obras monumentais" de Freyre foram citadas como textos que deveriam ser urgentemente traduzidos para o inglês. Não apenas seriam "uma extraordinária contribuição para o entendimento do Brasil pelos Estados Unidos", mas suas ideias sobre a importância crucial do "negro para a vida, a cultura e a defesa" de ambos os países teriam grande impacto. Todos "os norte-americanos", disseram aos congressistas, "têm muito a aprender com o Brasil sobre como diversas raças e culturas podem conviver em harmonia e contribuir, juntas, para o desenvolvimento de uma nova civilização, com rica produção nas artes e nas coisas da alma". Relembrando o censo do Brasil de 1940, que, ao contrário do norte-americano no mesmo ano, não incluiu nenhuma "questão específica [...] sobre raça", a atenção dos congressistas se voltou para aquilo que melhor definia o país, ou seja, "a fascinante mistura de três elementos do Brasil" e para o fato de que o país "aceita seus cidadãos de ascendência negra sem nenhum problema".[12]

[12] Congressional Record, Proceedings and Debates of the 77th Congress, Second Session, 2 out. 1941; 30 mar. 1942.

A publicação da tradução em inglês de *Casa-grande*, como *The master and the slaves*, em 1946 fortaleceu a visão positiva que os norte-americanos tinham do Brasil, pois deu origem a trabalhos acadêmicos que legitimaram o que já estava no ar havia muito em determinados círculos. Alguns colegas de Freyre acompanharam sua ideia: antropólogos e historiadores não apenas norte-americanos, como Donald Pierson, Charles Wagley e Frank Tannenbaum, mas brasileiros também. O escritor Jorge Amado, por exemplo, escreveu que "meu país é uma verdadeira democracia racial".[13] Mesmo Florestan Fernandes, sabidamente crítico de Freyre sobre essa questão — assim como sobre outras —, sugeria que a democracia racial no Brasil era um ideal, e não uma prática, "que ainda está sendo desenvolvido e refinado", uma afirmação da qual Freyre não poderia discordar (Fernandes, 1960:xix, xvi).

Logicamente, a recepção das ideias de Freyre e o que, a partir desse momento, foi descrito como "a ortodoxia semioficial" sobre a identidade do Brasil estavam longe de ser unânimes. Alguns representantes da imprensa afro-brasileira apoiaram a ideia da harmonia social brasileira na década de 1920, enquanto outros, principalmente a partir dos anos 1930, argumentavam que "no Brasil, igualdade racial é uma mentira". Comparando a realidade brasileira com a existência de instituições afro-americanas de vários tipos, de escolas e faculdades a organizações civis, que não existiam no Brasil, um artigo de 1931 na imprensa brasileira chegou a levantar a possibilidade de que "preconceito flagrantemente aberto é um estímulo à competência e capacidade dos negros". Os relatos positivos de Robert Abbott publicados na *Chicago Defender*, já mencionados, tinham sido fortemente criticados pela *intelligentsia* negra brasileira na época, que considerava as descrições de Abbott uma total distorção da realidade. No entanto, apesar das críticas, o que ficou conhecido como "paradigma de Freyre" manteve sua hegemonia até pelo menos o início da década de 1950, principalmente porque, como foi observado por um acadêmico, a crítica "veio de bem longe das fronteiras do discurso intelectual, acadêmico e oficial dominantes" (Andrews, 1996: 489-494).

[13] Amado (1971); ver também Amado (2006:105, 164, 287).

O irônico é que, provavelmente em resposta às ideias de Freyre, a Unesco decidiu patrocinar pesquisas sobre relações raciais no Brasil, relações vistas como um possível modelo para outras nações. Contudo, quando foi realizado o trabalho de campo, os pesquisadores (incluindo Florestan Fernandes, Roger Bastide, Octávio Ianni e Fernando Henrique Cardoso, naquele tempo um jovem sociólogo da Universidade de São Paulo) chegaram a conclusões que contrariavam as de Freyre. Fernandes, estudando a cidade de São Paulo entre 1880 e 1920, salientou a falta de esperança entre afrodescendentes, enquanto o livro sobre a São Paulo contemporânea, que escreveu com Roger Bastide, realçava preconceitos raciais. Cardoso e Ianni sublinharam o preconceito e a discriminação em seu estudo das relações sociais entre negros, brancos e mulatos na Florianópolis de meados da década de 1950. Ao recapitular a obra, Fernandes criticou o que agora chamava de "o mito da democracia racial" (Bastide e Fernandes, 1955; Fernandes, 1978: v. 1, p. 249-269).

A recusa da imagem do Brasil como um paraíso ou quase paraíso das relações raciais continuou a vir de várias frentes: de pesquisas sobre relações raciais realizadas por acadêmicos de várias origens; das próprias experiências de brasileiros e dos comentários de visitantes sobre sua experiência no Brasil; das trocas entre a imprensa negra norte-americana e a brasileira; ou do desenvolvimento do movimento de consciência negra brasileiro (que Freyre descreveu certa vez como "não brasileiro") — todas essas contestações foram definitivamente marcadas pelos movimentos American Civil Rights e Black Power da década de 1960, que tiveram um impacto sobre questões raciais em todo o mundo.

Nesse novo contexto, ganhou força um movimento de contra-hibridismo, e a miscigenação passou a ser fortemente denunciada como uma maneira "de se livrar dos negros", em um processo que alguns chegaram a chamar de "linchamento étnico" ou "linchamento branco" (Jackson, 1992:217). Portanto, podemos dizer que, em um aspecto importante, foi alterado o significado da teoria de mestiçagem de Freyre. Em 1933, o autor teve de defender a mestiçagem contra a ideologia dominante, que enfatizava a necessidade de branquear o Brasil. Mais recentemente, é contra o separatismo negro que os apoiadores de Freyre têm de defender sua teoria, já que a miscigenação é criticada como uma negação de identidades culturais diferentes de povos indígenas e afro-americanos, que tiveram uma insidiosa história de discriminação.

Do mesmo modo, a ideia de democracia racial tem sido denunciada como hipocrisia ou mistificação, como uma máscara que "institucionaliza a negação" do racismo branco; ou como parte da "enorme experiência brasileira em ser desonesto", segundo um editor da *Newsweek*.[14]

Em suma, no final do século XX, a "solução brasileira", elogiada por tanto tempo nos EUA como uma fonte de orgulho para o Brasil, tornou-se alvo a combater e fonte de vergonha, em vez de um ideal a ser seguido. Como escreveu um crítico norte-americano, a solução brasileira indicou "como não devemos direcionar nossa própria luta" (Jackson, 1992:216-217; Niani, 1992:226). Todavia, para desespero de muitos críticos norte-americanos, mesmo após "ter-se descoberto que a experiência brasileira era uma longa história de crueldade, de atrocidades raciais [...] a imagem benigna permanece", como se queixou um deles, colocando boa parte da culpa sobre a imprensa negra, que moldou a imagem que "a maioria dos negros" tem das relações raciais no Brasil (Donald Jr., 1992:198-202).

Freyre também foi considerado responsável pela imagem benigna do Brasil, pelo menos entre um público mais bem informado. Como observou um acadêmico afro-americano na década de 1970,

> se você for como eu, deve ter lido Gilberto Freyre [...] ou assistido a algumas reportagens da CBS, ou folheado a *Holiday* ou algum periódico semelhante. Talvez tenha conversado com um ou dois brasileiros. Se tiver feito alguma dessas coisas, já sabe que "não existe problema racial no Brasil". [Rout Jr., 1992:182]

E no próprio Brasil, o enaltecimento de Freyre da miscigenação e seu mito da democracia racial — geralmente simplificado e despojado de suas nuanças — tornaram-se, em certos círculos, o tema a ser confrontado, o alvo a ser atingido. Foi isso que aconteceu no Congresso Nacional do Negro de 1950 e também, 58 anos depois,

---

[14] Jackson (1992:217); França (2008); Race... (1997).

no Congresso Nacional de Negras e Negros do Brasil, de acordo com Edson França, um dos líderes do movimento negro, que recentemente enfatizou "dois fenômenos preocupantes: a força e o enraizamento do racismo brasileiro e a falta de eficiência política do Movimento de Consciência Negra" (França, 2008).

Como observa um historiador, os argumentos de Freyre sobre o valor positivo da miscigenação foram (e talvez ainda sejam) atraentes para aqueles que estavam interessados "na criação de uma identidade brasileira". Esses argumentos foram, portanto, transformados no "mais elaborado objeto de investimento", desde a Era Vargas ao regime militar, "explicando como o Brasil deveria pensar em si, amar a si mesmo e descrever-se" (Florentino, 2007:97).

Também podemos alegar que uma razão para a resiliência desse modo de pensar é que se trata de um elogio para a autoimagem e a autoestima de uma proporção substancial de brasileiros, assim como para os governos pós-militares, que, pode-se dizer, têm feito de tudo para manter viva essa ideia de Brasil.

O "Retrato molecular do Brasil" — produzido por uma equipe de geneticistas de Belo Horizonte em 2000, que mostrava que grande parte dos brasileiros que parecem brancos na verdade são mestiços (uma afirmação que o antropólogo Melville Herskovits, ex-aluno de Franz Boas, já havia feito em relação aos brancos em geral, na década de 1920) — contribuiu para o debate sobre a verdadeira identidade do Brasil, ao menos porque tem sido interpretado em alguns locais como uma forma de "injetar sangue novo no moribundo mito da democracia racial" (Santos e Maio, 2004:61-95). Descrito na imprensa como "a prova científica do que Gilberto Freyre formulou em termos sociológicos", o retrato foi encarado por divergentes como uma "pseudociência", que poderia ser usada para manter o *status quo* da desigualdade (Pena, 2001: 283-300; Santos e Maio, 2004:347-378).

Essa pesquisa — juntamente com o decreto, de julho de 1999, por meio do qual o então presidente do Brasil Fernando Henrique Cardoso (o sociólogo que em certo momento fora um dos principais oponentes intelectuais de Freyre) declarou que o ano 2000, centenário do nascimento de Freyre, seria o Ano Nacional de Gilberto Freyre — parece representar o pico do sucesso de Freyre, em uma carreira que pode ser descrita como oscilando, ao longo das décadas, entre "canonização" e "excomunhão".

O presidente parecia ter duas ideias em mente. Uma era sobrepujar as comemorações portuguesas da descoberta do Brasil em 1500, dando atenção a uma descoberta brasileira do Brasil. A outra era reafirmar a definição freyriana da identidade brasileira. Fernando Henrique até deu uma entrevista na qual declarava que, embora a ideia de democracia racial contivesse um elemento de mistificação, "também continha um elemento de verdade".

Retornando ao discurso do presidente Lula, sucessor de Fernando Henrique, mencionado no início deste artigo, sabe-se que Sepp Blatter, presidente da Fifa, declarou-se profundamente comovido: "O discurso de Lula mexeu comigo", disse (Grohman, 2009). Mas e os brasileiros? Realizei uma pesquisa informal e perguntei a alguns deles sobre suas reações ao ouvirem a descrição do presidente da "nossa identidade".[15] Não importando se associavam ou não essa descrição a Freyre, aqueles que não são ligados ao movimento negro concordaram, com poucas exceções, que o país é misturado e orgulhoso disso e que as relações entre as pessoas são de modo geral calorosas. Entretanto, também aceitavam o fato de que as zonas de confraternização — nos esportes e no Carnaval, por exemplo — coexistem com zonas de discriminação, como no trabalho. Em outras palavras, aceitavam o fato de que a "harmonia racial" coexiste com a desigualdade, o que explicam — assim como Freyre o fizera — por meio de classe, e não de cor ou raça (Guimarães, 2005:119-140).

Entre os participantes do movimento negro, por outro lado, a reação foi majoritariamente negativa e inflamada. Enquanto alguns concordavam que a miscigenação "constitui o que somos e indica o que gostaríamos de ser e de fazer", a grande maioria não concordava em nada com a representação de Lula de "nossa identidade", argumentando que se tratava de mera mistificação ou uma afirmação unilateral. Vou citar algumas afirmações: "Lula repete o que fizeram os primeiros colonizadores. Mistura todas as culturas, para que se tornem mais fá-

[15] Sou muito grata às pessoas que responderam meu questionário, e estou especialmente em dívida com Diva Moreira, por me apresentar a membros do Movimento Negro em todo o Brasil.

ceis de dominar e administrar. Não podemos aceitar isso". E também, "a elite não gosta de se misturar. O estímulo para a miscigenação só é encontrado entre pessoas de baixa renda". E ainda: em contraste com a "lógica norte-americana de 'separados mas iguais', nós somos 'unidos mas desiguais'"; "não passa de mistificação, de mera manipulação". "As pessoas sempre acreditam nos contos de fadas que a elite lhes narra, como este de que somos todos iguais, uma raça misturada, alegre e amigável", muito disso "por conta do legado da fantasia de Freyre".

Assim, se é inegável o impacto das ideias de Freyre sobre a autopercepção do brasileiro, o significado de suas teorias tem sido alterado desde 1933. O que antes era chocante tornou-se oficial ou semioficial, e o que era definido em contraposição à ideia de branqueamento agora é definido em relação à consciência negra.

Referências

A SPECIAL report on business and finance in Brazil. *The Economist*, 1420, nov. 2009. p. 17.

ABBOTT, Robert S. My trip through South America. In: HELLWIG, David J. (Org.). *African-American reflections on Brazil's racial paradise*. Filadélfia: Temple University Press, 1992. p. 55-81.

AMADO, Jorge. Meu país é uma verdadeira democracia racial. *O Estado de S. Paulo*, 9 out. 1971.

____. *Tenda dos milagres*. 45. ed. Rio de Janeiro: Record, 2006.

ANDERSON, Benedict. *Comunidades imaginadas* (1983). São Paulo: Companhia das Letras, 2008.

ANDREWS, George Reid. Brazilian racial democracy, 1900-90: an American counterpoint. *Journal of Contemporary History*, v. 31, n. 3, p. 483-507, 1996.

AZEVEDO, Celia M. Marinho de. *Abolicionismo*: Estados Unidos e Brasil, uma história comparada (século XIX). São Paulo: Annablume, 2003.

____. O abolicionismo transatlântico e a memória do paraíso racial brasileiro. *Estudos Afro-Asiáticos*, v. 30, 1996.

BASTIDE, Roger; FERNANDES, Florestan. *Relações raciais entre negros e brancos em São Paulo*. São Paulo: Anhembi, 1955.

BURKE, Peter; PALLARES-BURKE, Maria Lúcia G. *Gilberto Freyre*: social theory in the tropics. Oxford: Peter Lang, 2008.

CARDOSO, Fernando Henrique. Livros que inventaram o Brasil. *Novos Estudos*, v. 37, p. 21-36, 1993.

CLEARY, David. Race, nationalism and social theory in Brazil: rethinking Gilberto Freyre. David Rockefeller Center for Latin American Studies, Harvard University, working paper WPTC-99-09, s.d.

COSTA, Emilia Viotti da. The myth of racial democracy. In: ____. *The Brazilian empire*: myths & histories. ed. rev. Chapel Hill: University of North Carolina, 2000. p. 234-246.

CRUZ, Levy. Democracia racial. Disponível em: <www.fundaj.gov.br/tpd/128.html>.

DELANY, Martin. *The condition, elevation, emigration, and destiny of the colored people of the United States* (1852). s.d. Project Gutenberg Ebook. Disponível em: <www.pgdp.net>.

DONALD JR., Cleveland. Equality in Brazil: confronting reality. *Black World*, 22 nov. 1972. In: HELLWIG, David J. (Org.). *African-American reflections on Brazil's racial paradise*. Filadélfia: Temple University Press, 1992. p. 198-202.

DR. FRAZIER discusses Brazil's race problem. *The Pittsburgh Courier*, 28 mar. 1942.

FERNANDES, Florestan. *A integração do negro na sociedade de classes* (1065). 3. ed. São Paulo: Edusp, 1978. 2 v.

____. Prefácio. In: CARDOSO, Fernando Henrique; IANNI, Octávio. *Cor e mobilidade social em Florianópolis*: aspectos das relações entre negros e brancos numa comunidade do Brasil Meridional. São Paulo: Editora Nacional, 1960.

FLORENTINO, Manolo. Da atualidade de Gilberto Freyre. In: FRY, Peter et al. (Org.). *Divisões perigosas*: políticas raciais no Brasil contemporâneo. Rio de Janeiro: Civilização Brasileira, 2007.

FOREIGN policy of US flawed. *The Pittsburgh Courier*, 10 dez. 1938.

FRANÇA, Edson. Uma breve reflexão sobre o Congresso Nacional de Negras e Negros do Brasil. *Vermelho* Online, 15 abr. 2008.

FRAZIER, E. Franklin. Brazil has no race problem. *Common Sense*, 11 nov. 1942. In: HELLWIG, David J. (Org.). *African-American reflections on Brazil's racial paradise*. Filadélfia: Temple University Press, 1992. p. 121-130.

GHIOLDI, R. Freyre, sociologo reaccionario. In: ____. *Escritos*. Buenos Aires: Anteo, 1975-77. 4 v. v. 4, p. 16-44.

GROHMAN, Karolos. Fifa's blatter moved by Lula's Rio 2016 Rio bid speech. *Reuters*, 2 out. 2009. Disponível em: <in.reuters.com/article/idINIndia-42868420091002>.

GUIMARÃES, Antonio Sergio. Democracia racial. Disponível em: <www.fflch.usp.br/sociologia/asag/Democracia%20racial.pdf>.

____. Racial democracy. In: SOUZA, J.; SINDER, W. (Ed.). *Imagining Brazil*. Lanham, MD: Lexington Books, 2005. p. 119-140.

HABERLY, David T. *Three sad races*: racial identity and national consciousness in Brazilian literature. Cambridge: Cambridge University Press, 1983.

HANCHARD, Michael G. Racial democracy. In: ____. *Orpheus and power*: the *Movimento Negro* of Rio de Janeiro and São Paulo, Brazil, 1945-1988. Princeton: Princeton University Press, 1994. p. 43-74.

HELLWIG, David J. Racial paradise or run-around? Afro-North American views of race relations in Brazil. *American Studies*, v. 31, n. 2, p. 43-60, Fall 1990.

HILL, Lawrence F. The confederate exodus to Latin America. *Southern Historical Quarterly Online*, v. 39, n. 2, 1936.

HOBSBAWM, Eric; RANGER, Terence (Org.). *A invenção das tradições*. Rio de Janeiro: Paz e Terra, 1984.

JACKSON, Richard L. Mestizaje vs. Black identity: the color crisis in Latin American. *Black World*, 24 jul. 1973. In: HELLWIG, David J. (Org.). *African-American reflections on Brazil's racial paradise*. Filadélfia: Temple University Press, 1992. p. 217.

JAMES, E. R. Brazil as I found it. *Chicago Defender*, 4 jun. 1921 (outros artigos foram publicados em 28 maio e 11 junho). In: HELLWIG, David J. (Org.). *African-American reflections on Brazil's racial paradise*. Filadélfia: Temple University Press, 1992. p. 47-50.

LAWRENCE, R. Disagrees with critic of Russia. *The Chicago Defender*, 20 out. 1945.

LEVINE, Richard M. The First Afro-Brazilian Congress. *Race*, v. 15, p. 185-193, 1973.

LOVEJOY, Arthur O. The Chinese origin of a romanticism. In: ____. *Essays in the history of ideas*. Nova York: Capricorn Books, 1960.

MAYBURY-LEWIS, David H. P. Preface. In: FREYRE, Gilberto. *The masters and the slaves*. reimp. Berkeley: University of California Press, 1986.

MEADE, Teresa; PIRIO, Gregory Alonso. In search of the Afro-American "Eldorado": attempts by North American Blacks to enter Brazil in the 1920s. *Luso-Brazilian Review*, v. 25, n. 1, p. 85-110, Summer 1988.

MELLO, Evaldo Cabral de Mello. O "ovo de Colombo" gilbertiano. In: FALCÃO, Joaquim; ARAÚJO, R. M. Barboza de (Org.). *O imperador das ideias*. Rio de Janeiro: Topbooks, 2001.

NASH, Roy. Is race prejudice on the increase in Brazil? *The Crisis*, abr. 1951.

____. *The conquest of Brazil*. Nova York: Harcourt, Brace & Co., 1926. [ed. bras.: *A conquista do Brasil*. Rio de Janeiro: Nacional, 1939].

NEGRO in Latin America. *Los Angeles Sentinel*, 21 mar. 1946.

NIANI (Dee Brown). Black consciousness vs. racism in Brazil. *The Black Scholar*, v. 11, 1980. In: HELLWIG, David J. (Org.). *African-American reflections on Brazil's racial paradise*. Filadélfia: Temple University Press, 1992. p. 226.

NUNES, Zita. *Cannibal democracy*: race and representation in the literature of the Americas. Mineápolis: University of Minnesota Press, 2008.

OPPORTUNITIES in Brazil: South American country offers first hand knowledge of the solving of the race question. *Baltimore Afro-American*, 29 jan. 1916. In: HELLWIG, David J. (Org.). *African-American reflections on Brazil's racial paradise*. Filadélfia: Temple University Press, 1992. p. 35-36.

PALLARES-BURKE, Maria Lúcia G. *Gilberto Freyre, um vitoriano dos trópicos*. São Paulo: Unesp, 2005.

PENA, Sergio. Retrato molecular do Brasil. In: FALCÃO, Joaquim; ARAÚJO, R. M. Barboza de (Org.). *O imperador das ideias*. Rio de Janeiro: Topbooks, 2001. p. 283-300.

POPP, Valerie. Where confusion is. *African American Review*, v. 43, n. 1, Spring 2009.

PRADO, Paulo. *Retrato do Brasil*: ensaio sobre a tristeza brasileira (1928). Organização de A. Calil. São Paulo: Companhia das Letras, 1997.

PREECE, H. The Negro in Latin America. *New York Amsterdam News*, 20 maio 1944.

RACE relations in Brazil, South Africa, and the United States. Common Ground, programa de rádio, 24 jun. 1997.

REDKEY, Edwin S. *Black exodus*: Black nationalist and back-to-africa movements, 1890-1910. New Haven: Yale University Press, 1969.

REICHMANN, Rebecca (Ed.). *Race in contemporary Brazil*: from indifference to inequality. University Park: Pennsylvania State University Press, 1999.

RIOS, J. Arthur. Assimilation of emigrants from the Old South in Brazil. *Social Forces*, v. 26, n. 2, p. 150-151, dez. 1947.

ROUT JR., Leslie B. Brazil: study in black, brown and beige. *Negro Digest*, 19 fev. 1970. In: HELLWIG, David J. (Org.). *African-American reflections on Brazil's racial paradise*. Filadélfia: Temple University Press, 1992. p. 182.

SANTOS, Ricardo Ventura; MAIO, Marcos Chor. Qual "retrato do Brasil?": raça, biologia, identidades e política na era da genômica. *Mana*, v. 10, n. 1, p. 61-95, abr. 2004.

____; ____. Race, genomics, identities and politics in contemporary Brazil. *Critique of Anthropology*, v. 24, p. 347-378, 2004.

SCHUYLER, G. Brazil's Negroes. *The Pittsburg Courier*, 10 out. 1942.

SEN, Amartya. *Identidade e violência*: a ilusão do destino. São Paulo: Iluminuras, 2015.

SHEPHERD, W. R. Brazil as a field for historical study. *Hispanic American Historical Review*, v. 13, n. 4, p. 428-436, nov. 1933.

STODDARD, Lothrop. *The rising tide of color against White-world supremacy* (1920). Brighton: Historical Review Press, 1981.

TELLES, Edward E. *Race in another America*: the significance of skin color in Brazil. Princeton: Princeton University Press, 2004.

THE OBSERVER, 14 jul. 2002.

TRAVELLER finds no color line drawn in Brazil. *Chicago Sunday Tribune*, maio 1942.

US DISCRIMINATION as bad as Germany's; suggests migration to South America. *The Afro-American*, 21 jan. 1939.

VIANNA, Hermano. A meta mitológica da democracia racial. In: FALCÃO, Joaquim; ARAÚJO, R. M. Barboza de (Org.). *O imperador das ideias*. Rio de Janeiro: Topbooks, 2001.

WONDERFUL opportunities offered in Brazil for thrifty people of all races. *Tulsa Star*, 11 dez. 1920. In: HELLWIG, David J. (Org.). *African-American reflections on Brazil's racial paradise*. Filadélfia: Temple University Press, 1992. p. 40-43.

WOODS, Randall B. *A Black odyssey*: John Lewis Waller and the promise of American life, 1878-1900. Lawrence: Regents Press of Kansas, 1981.

CAPÍTULO 3

Celso Furtado e a formação internacional do intelectual brasileiro[1]

Luiz Felipe de Alencastro

A PRIMEIRA estadia de Celso Furtado na França ocorreu em 1944, num quadro histórico dramático. No final das hostilidades na Itália, Celso Furtado, oficial da FEB,[2] veio com uns companheiros de tropa até Paris, pelas estradas, de *half-track*.[3] Foi assim que ele conheceu Paris: atravessando a Itália e a França assoladas pela guerra. Esse testemunho direto sobre a destruição e a posterior reconstrução da Europa foi marcante na ideia de planejamento econômico estudada mais tarde por Furtado durante seu doutorado em Paris e na Cepal.

A noção de planejamento econômico foi dominante no pós-guerra tanto na França como no Reino Unido. No Reino Unido, o Labour Party,[4] liderado por Clement Attlee, ganhou as eleições contra o primeiro-ministro conservador Winston Churchill,[5] em maio de

[1] Conferência de abertura do V Ateliê Internacional do Pensamento Social. Proferida na EESP/FGV, em São Paulo, no dia 10 de setembro de 2015. A versão apresentada baseou-se em transcrição de Juliana Paula Lima de Matos, seguida de edição feita por Raphael Piva e Marina Mattar, revista pelo conferencista convidado. O texto, aqui apresentado em versão reduzida, se refere aos anos 1946-59, quando Celso Furtado preparou sua tese de doutorado na Sorbonne e redigiu *Formação econômica do Brasil* em Cambridge. Para o período ulterior da vida intelectual de Furtado em Paris, ver Bianconi (2014).

[2] Em 1944, como segundo-tenente, Celso Furtado embarcou com mais 6 mil soldados no *General Meigs*, viajando do Rio de Janeiro para Nápoles no quinto contingente da Força Expedicionária Brasileira, na Segunda Guerra Mundial.

[3] Tipo de veículo com duas rodas na frente e esteira atrás que foi muito usado durante a Segunda Guerra Mundial.

[4] Partido Trabalhista do Reino Unido, fundado em 1900, com orientação socialista e de grande representatividade entre o proletariado urbano.

[5] Político conservador britânico de origem aristocrática, foi primeiro-ministro do Reino Unido em dois mandatos (1940-45; 1951-55) e teve atuação relevante durante a Segunda Guerra Mundial.

1945.[6] Foi uma vitória exemplar da democracia britânica. Churchill iniciou, junto com Stalin e Truman, a Conferência de Potsdam, nos arredores de Berlim (julho e agosto de 1945), para decidir a geopolítica mundial no término da Segunda Guerra. No meio tempo, os eleitores decidiram substituí-lo por Attlee, o novo primeiro-ministro do Reino Unido.

O Labour era naquela época bem radical, com o projeto de planificar a economia, nacionalizar a saúde e criar o Welfare State,[7] seguindo o célebre relatório do economista de esquerda Lord Beveridge (*The Beveridge report*, 1942), autor de um dos primeiros livros sobre a questão do desemprego industrial (*Unemployment: a problem of industry*, 1909). Um documentário do Ken Loach, *The spirit of '45* (2013), conta a história do movimento social e da esquerda inglesa no final da guerra, quando Attlee foi primeiro-ministro.

O debate econômico também foi marcado pela Conferência de Bretton Woods (julho de 1944),[8] organizada pelos Aliados para montar a nova ordem monetária e econômica mundial, evitando o protecionismo que tinha levado o mundo à guerra em 1939. John Keynes,[9] que dirigia a delegação britânica na Conferência, via a criação do Banco Internacional para Reconstrução e Desenvolvimento (Bird) sobretudo como um instrumento para a reconstrução da Europa. Depois o Bird agregou outras agências e o conjunto passou a ser chamado Banco Mundial.

Pierre Mendès-France, que dirigia a delegação da França, tinha ideias mais avançadas, propondo mecanismos em defesa dos países exportadores de *commodities*, como o Brasil. Mas, a delegação brasileira, onde estavam Eugênio Gudin, Octavio Bulhões de Carvalho

[6] Líder do Labour Party entre as décadas de 1930 e 1950. Attlee foi primeiro-ministro do Reino Unido, entre os anos de 1945 e 1951.

[7] "Estado de bem-estar social": um tipo de organização econômica e política, influenciada pelo pensamento keynesiano, que defende o Estado como regulador de toda a vida social, provendo serviços públicos e de proteção a população.

[8] Localidade de New Hampshire (EUA), que sediou em julho de 1944 o grande encontro das potências vencedoras da Segunda Guerra e seus aliados. A Conferência de Bretton Woods estabeleceu os acordos sobre a política econômica internacional do pós-guerra, conhecidos como sistema Bretton Woods.

[9] John Maynard Keynes (1883-1946), o mais importante economista britânico e mundial do século XX, analisou as causas do desemprego e defendeu a intervenção do Estado para solucionar a recessão econômica.

e Roberto Campos, era bastante conservadora. Mendès-France dizia que a delegação da Índia, que ainda não era independente mas tinha uma delegação em Bretton Woods, era muito mais ativa que a do Brasil. As ideias de Prebisch também eram conhecidas, mas ele havia sido demitido do Banco Central da Argentina no golpe de 1943 que teve a participação de Perón. Aliás, a Argentina se manteve neutra na Segunda Guerra até 1944 e não foi convidada para a Conferência de Bretton Woods.

O Brasil, ao contrário, havia declarado guerra ao Eixo em 1942, patrulhado o Atlântico Sul e mandado a FEB para o *front* da Itália em 1944. Com isso, ganhou certo destaque nas discussões dos Aliados. Na Conferência de Yalta (fevereiro de 1944), quando Stalin, Churchill e Roosevelt discutiram o pós-guerra, foi anunciado que o Brasil teria um lugar no Conselho Permanente da ONU quando esta fosse criada. Um artigo do *Le Monde* em fevereiro de 1945 repercutiu a notícia e perguntou: "O Brasil será reconhecido como a sexta grande potência mundial?".[10] O grande pensador e cientista positivista brasileiro Paulo Carneiro, mais conhecido na Europa do que no seu próprio país, teve um papel importante na criação da Unesco e foi eleito membro do Conselho Executivo da instituição, em 1946.[11] Desse modo, o Brasil teve bastante relevo na organização do pós-guerra. Porém, por incompetência do governo Dutra e por causa da Guerra Fria, as oportunidades foram perdidas.

O tempo passou e o tema da inclusão do Brasil como membro permanente do Conselho de Segurança da ONU só voltou à ordem do dia durante as presidências Lula, graças à ação do então chanceler Celso Amorim.

Todavia, entre 1946 e 1948, quando Celso fez seu doutorado em economia na Sorbonne, o prestígio do Brasil era grande na França e na Europa. Seu doutorado versava sobre a economia colonial brasileira. É interessante observar que Furtado, em sua tese, estuda os sé-

[10] *Le Monde*, 24 fev. 1945.

[11] Deixo aqui o registro de um episódio pouco conhecido das atividades de Paulo Carneiro na Unesco. Sua ação na presidência do comitê de salvamento dos templos de Abu Simbel, durante a construção da barragem de Assuan, no Nilo, a partir de 1960 (Carneiro, 1970:40-47).

culos XVI e XVII no Brasil, distintamente do século XVIII, separando o período colonial em dois estágios. E isso me influenciou. Minha livre-docência no Instituto de Economia, que teve Celso Furtado na banca, e meu livro *O trato dos viventes* seguem esta periodização. Por quê? Porque o Brasil, nos séculos XVI e XVII, era apenas uma série de enclaves coloniais e de feitorias que tinham pouca ou nenhuma integração.

Somente no século XVIII a América portuguesa se transforma em uma verdadeira colônia, com um mercado interno articulado em torno do polígono mineiro formado por Minas, Goiás e Mato Grosso. Essa é uma das teses centrais desenvolvidas mais tarde em *Formação econômica do Brasil* (1959). A historiografia norte-americana faz uma clivagem parecida, por outras razões. Separa, de um lado, a Early Colonial History, que vai do descobrimento da América até a nomeação de governadores régios nas colônias e a Glorious Revolution (1689); de outro lado, o período colonial setecentista concluído pela Revolução Americana (1765-83).

Com sua tese de história econômica, defendida em 1948, e editada somente em 2001 com o título *Economia colonial no Brasil nos séculos XVI e XVII: elementos de história econômica aplicados à análise de problemas econômicos e sociais* (São Paulo: Hucitec; Abphe), Furtado foi um dos primeiros brasileiros a receber o título de doutor em economia numa grande universidade europeia. É bem lembrar que, nesta época, estudar na Sorbonne não era igual a estudar trancado na biblioteca de uma universidade do sertão cultural norte-americano.

Paris é um grande centro cultural, uma grande capital europeia e ocidental, onde há um movimento social dinâmico, manifestações políticas, exposições, conferências e seminários. Em torno da Sorbonne, do Collège de France e das "Grandes Écoles" havia uma troca interdisciplinar muito grande. Como estudante em Paris, Furtado impregnou-se nos debates econômicos e na cultura francesa e europeia do pós-guerra. Esse vínculo afetivo e intelectual foi um dos motivos que o levou a escolher a França, em vez dos Estados Unidos, para residir e ensinar nos seus longos anos de exílio durante a ditadura. Na volta para o Rio, trabalhou no antigo Dasp e na FGV até ir para a Cepal,[12] em Santiago,

[12] Comissão Econômica para a América Latina e o Caribe, criada em 1948 pelo Conselho Econômico e Social das Nações Unidas.

em 1949. Neste quadro de keynesianismo dominante e de reconstrução europeia, a Cepal aprofundou o debate sobre o planejamento econômico na América Latina.[13]

Aqui é importante considerar que a ideia de América Latina, de pertencimento à cultura latino-americana, só medrou no Brasil no final do século XIX, com a República.[14] No século XIX, os latino-americanos, que eram hispanófonos e republicanos, recusavam o Brasil por ser uma monarquia, um país considerado um representante e defensor da diplomacia das monarquias europeias no Novo Mundo. Com a proclamação da república, em 1889, o Brasil fica mais próximo dos outros países da América Latina. Nessa época, durante as comemorações do 4º Centenário do Descobrimento do Brasil, o Rio de Janeiro sediou em 1900 o Congresso Jurídico Americano e, em 1906, a III Conferência Pan-Americana. O livro de Manoel Bonfim, *América Latina: males de origem* (1905), tem esse pano de fundo. Cabe notar ainda que a noção de pan-americanismo e de comunidade latino-americana foi cultivada sobretudo pelos juristas brasileiros e latino-americanos, num período em que o direito internacional estava em grande voga. Depois da Segunda Guerra, graças à Cepal, o quadro mudou quando o latino-americanismo impregnou o pensamento e as análises dos economistas e sociólogos.

Retrospectivamente, a Cepal aparece como o ponto mais alto da doutrina e da prática política latino-americanista, na medida em que a instituição foi também formuladora de políticas governamentais e formadora de dirigentes latino-americanos. O ensaio seminal do argentino Raul Prebisch, *El desarrollo económico de la América Latina* (1949), que Furtado chamará mais tarde de "Manifesto dos periféricos", e que inspirará *Formação econômica do Brasil*, foi traduzido por ele e publicado no Brasil no mesmo ano, na *Revista Brasileira de Economia*. Mais tarde, os cepalinos tiveram um papel de destaque nas transições democráticas latino-americanas e na constituição do Mercosul.

[13] Em 1950, Celso Furtado é nomeado diretor da Divisão de Desenvolvimento pelo secretário executivo da Cepal, o argentino Raúl Prebisch. Por conta de seu cargo, Furtado é encarregado de missões na Argentina, Costa Rica, Venezuela, Equador e Peru.
[14] Bethell (2009:289-321).

Basta ver a importância que tiveram os brasileiros que estudaram ou ensinaram nessa instituição: Celso Furtado, Fernando Henrique Cardoso, Francisco Weffort, Chico Oliveira, José Serra, entre outros. Santiago é uma cidade relativamente pequena e bastante convivial, o que facilitava o contato dos membros da Cepal e da comunidade latino-americana e de refugiados republicanos espanhóis que ali viviam. Sobre esta última comunidade, vale lembrar o nome do sociólogo José Medina Echavarría, por quem Celso Furtado tinha grande admiração e que influenciou, entre outros, Fernando Henrique Cardoso, quando este esteve no Instituto Latino-Americano de Planejamento, ligado à Cepal em Santiago.[15]

Enzo Faletto, o sociólogo chileno que escreveu com FHC o livro seminal *Dependência e desenvolvimento na América Latina* (1967), referindo-se sempre a ele como Don José Medina, descreveu a influência de Echavarría nesta época.[16] Republicano espanhol, José Medina Echavarría se exilou no México em 1939, onde se destacou como professor e editor, e em 1950 foi para a Cepal em Santiago.[17] Grande especialista de Max Weber, Echavarría foi também um dos diretores da editora mexicana Fondo de Cultura, pioneira na publicação de estudos sobre América Latina, incentivando a primeira edição de *História econômica do Brasil*, de Caio Prado Júnior, e de *La alimentación en los trópicos* (Mexico 1946), de Josué de Castro, que considero o primeiro livro brasileiro de história global. No tempo de Echavarría, Fondo de Cultura também traduziu e editou em espanhol livros de Adam Smith, Marx, Max Weber, John Keynes, tornando essas obras essenciais acessíveis para leitores latino-americanos e ibéricos que não sabiam o inglês ou o alemão.

No período da Cepal, Furtado teve ainda contatos com economistas de universidades americanas, e notadamente com Walter Rostow e Vassili Leontieff, durante uma viagem que fez em 1951 aos Estados Unidos. Rostow foi um dos elaboradores do Plano Marshall de reconstrução dos países da Europa Ocidental. O debate sobre a política eco-

[15] Lafer (2009:39-63).

[16] Rego (2007:189-213); veja-se também Cardoso e Faletto (2008:4-20).

[17] Disponível em: <www.flacsochile.org/personajes/jose-medina-echavarria/>. Acesso em: abr. 2017.

nômica e a reconstrução europeia também evoluía na França e era seguido com atenção por Furtado. O governo de De Gaulle, formado pelos partidos da resistência contra o nazismo, criou em 1946 um Ministério do Planejamento (Commissariat du Plan), cujo primeiro titular foi Jean Monnet. Ao lado de Robert Schuman, Monnet fundou em 1952 a Comunidade Europeia do Carvão e do Aço (Ceca), embrião da União Europeia.

De volta ao Brasil em 1953, Celso Furtado assume uma diretoria do BNDE (futuro BNDES), fundado por Getúlio em 1952. Mais tarde, o banco vai ser integrado ao Ministério do Planejamento. Note-se que Celso Furtado foi, em 1962, o primeiro titular do Ministério do Planejamento, criado pelo presidente João Goulart naquele mesmo ano. Na ocasião, ele tinha em mente a experiência do Commissariat du Plan, da França. Note-se também que Furtado será, entre 1986 e 1988, ministro da Cultura, uma instituição também inspirada no modelo francês do Ministère de la Culture que De Gaulle estabeleceu quando voltou ao poder em 1959, e cujo primeiro titular foi André Malraux.

Celso Furtado vai em 1957 para a Universidade de Cambridge, onde fica até 1958, e redige *Formação econômica do Brasil*. No King's College e nos outros Colleges de Cambridge e de Oxford prosseguiam as discussões iniciadas depois da grande depressão de 1929 sobre os ciclos e as crises econômicas, a evolução dos preços e da demografia e suas consequências nas políticas e no planejamento econômico.

Os diversos capítulos de *Formação econômica* incorporam notas de pé de página que apontam vários trabalhos concebidos nessa conjuntura. Artigos e livros como o de Noel Deer sobre a história mundial do açúcar, de I. Ferencz e J. Isaac a respeito das migrações internacionais, de C. H. Wilson, que analisava a decadência econômica da Holanda, de L. C. Gray, sobre a agricultura escravista do Sul dos Estados Unidos, de E. Hobsbawm, examinando o nível de vida na Inglaterra moderna. Constam, ainda, referências às análises do crescimento econômico elaboradas por S. Kuznets e W. W. Rostow, e aos trabalhos de especialistas europeus e americanos sobre a história do Brasil (S. Stein, C. R. Boxer, A. K. Manchester, P. Monbeig, J. Lúcio de Azevedo). Enfim, Furtado redescobriu e deu destaque ao estudo pioneiro de Wileman sobre a correlação entre os preços de café e a variação do câmbio no Brasil.[18] *Formação* inclui também referências à obra de E. J. Hamilton, estudando o declínio da Espanha e o impacto da prata peruana no capitalismo. Hamilton influenciou grandemente a segunda geração da revista *Annales*, formada por Fernand Braudel e seus discípulos, Frédéric Mauro, Pierre Chaunu, Vitorino Magalhães Godinho, com os quais Furtado conviveu e debateu nos 1965-79, no seu exílio e na sua carreira universitária em Paris.

No campo teórico, Furtado seguiu de perto os debates em Cambridge em torno das ideias do keynesianismo de esquerda que movimentavam os cursos de Kaldor, Piero Sraffa, Joan Robinson e Maurice Dobb.[19] Entre seus colegas de seminários, estava o economista indiano Amartya Sen, futuro Nobel de Economia (1998), que terminava seu doutorado dirigido por Joan Robinson. Em outras palavras, embora tenha sido redigido em apenas quatro meses, *Formação econômica do Brasil* apresenta o resultado de 10 anos de estudos e debates — no Rio de Janeiro, em Paris, em Santiago, no México e em Cambridge — sobre a história moderna e contemporânea e a economia brasileira.[20]

Obras importantes sobre o Brasil já haviam sido escritas na Europa por grandes autores brasileiros, como a *História geral*, de Varnhagen, escrita em Madri e Lisboa no começo dos anos 1850. *O abolicionismo* (1883), que Joaquim Nabuco redigiu em Londres, é um caso à parte. Talvez o mais importante texto político brasileiro, *O abolicionismo* reflete sobre o país e propõe mudanças radicais: a extinção do escravismo e reformas sociais no campo. De fato, sob a influência de André Rebouças, Nabuco explicita em 1883 a necessidade de uma reforma agrária nacional para acabar com "os males que a escravidão criou".

---

[18] Wileman (1896); ver Furtado (1997: t. 1, p. 343-344).

[19] No relatório de atividades enviado à Rockefeller Foundation, que lhe concedera a bolsa de estudos em Cambridge, Furtado assinala que seguia três ou quatro seminários na Universidade, representando 10 horas semanais de discussão. Ver "Final report" de C. Furtado à Erskine W. McKinley, Rockefeller Foundation, 22/7/1958, Arquivo Celso Furtado.

[20] Retomo aqui parte de um texto mais longo, publicado anteriormente. Alencastro (2009:23-40).

Casa-grande & senzala também é outro livro capital que foi pensado fora do Brasil, a partir da comparação sobre o escravismo e o racismo nos Estados Unidos.

A obra de Gilberto Freyre influenciou o livro de Frank Tannenbaum, *Slave and citizen, the Negro in the Americas* (1946), que inaugura a tradição de estudos comparativos americanos sobre o escravismo, as relações sociais e o racismo no Brasil. É um ponto específico dos *Brazilianists* americanos que tem pouco a ver com os estudos dos *Brazilianists* europeus. Com a relevante exceção da obra do franco-paulista Roger Bastide, e do franco-baiano Pierre Verger. Outras obras importantes foram escritas por grandes autores brasileiros mais recentemente. Assim, *Olinda restaurada* (1975), de Evaldo Cabral de Mello, foi escrita em Washington e Genebra, enquanto o livro *Ao vencedor as batatas* (1977), de Roberto Schwarz, foi escrito em Paris.

Porém, à diferença dos textos citados — com a notável exceção de *O abolicionismo* —, *Formação econômica* é um livro em que a reflexão é de ação e de reforma do país. Uma obra em que o pensamento prepara a intervenção nos centros decisórios do Estado, como ficou claro nas outras obras de Furtado e em sua carreira na administração pública brasileira.

Referências

ALENCASTRO, Luiz Felipe de. Introdução. In: FURTADO, Celso. *Formação econômica do Brasil*. ed. comemorativa dos 50 anos da primeira edição. São Paulo: Companhia das Letras, 2009. p. 23-40.

BETHELL, Leslie. O Brasil e a ideia de "América Latina" em perspectiva histórica. *Estudos Históricos*, v. 22, n. 44, p. 289-321, 2009.

BIANCONI, Renata. *L'oeuvre de Celso Furtado à Paris*: le parcours d'un intellectuel et homme d'Etat. Tese (doutorado em história contemporânea) — Université de Paris Sorbonne, Paris, 2014.

CARDOSO, Fernando Henrique; FALETTO, Enzo. Repensando dependência e desenvolvimento na América Latina. In: SORJ, Bernardo; CARDOSO, Fernando Henrique; FONT, Maurício (Org.). *Economia e movimentos sociais na América Latina*. Rio de Janeiro: Centro Edelstein de Pesquisa Social, 2008. p. 4-20.

CARNEIRO, Paulo. *Protection of mankind's cultural heritage*: sites and monuments. Paris: Unesco, 1970.

FURTADO, Celso. *A fantasia organizada*. Rio de Janeiro: Paz e Terra, 1997. t. 1. (Obra autobiográfica, 3 t.).

Lafer, Celso. FHC: o intelectual como político. *Novos Estudos — Cebrap*, v. 83, p. 39-63, 2009.

REGO, José Marcio. Entrevista com Enzo Faletto. *Tempo Social*, v. 19, n. 1, p. 189-213, 2007.

WILEMAN, J. P. *The Brazilian exchange, the study of an inconvertible currency*. Buenos Aires: Galli Bros., 1896.

CAPÍTULO 4

O povo da mercadoria e a Amazônia:
do genocídio Waimiri-Atroari a Davi Kopenawa[1]

Idelber Avelar

A DITADURA militar que governou o Brasil de 1964 a 1985 evoca imagens de ativistas de esquerda torturados em porões, eleições suspensas, líderes estudantis, operários e camponeses perseguidos, partidos políticos lançados à clandestinidade e intensa censura sobre as artes, especialmente sobre a música popular. O regime militar brasileiro também foi singular em relação aos outros países sul-americanos, posto que a ditadura brasileira foi modernizante e desenvolvimentista, dotada de uma concepção grandiosa de nacionalidade fundamentada em estradas modernas, hidrelétricas, órgãos estatais para cultura e turismo, assim como uma massiva burocracia civil-militar. Os ditadores brasileiros não somente recorreram ao nacionalismo e ao anticomunismo, como os outros regimes do Cone Sul, mas também tiveram uma política cultural apoiada na mercantilização da cultura popular em contato com a indústria do turismo e nos investimentos em cinema e em meios de comunicação de massas, mormente no formidável aparato das Organizações Globo. Ou seja, ao contrário de seus pares argentino, chileno e uruguaio, a ditadura militar brasileira não se limitou a ser uma máquina de matar e torturar a serviço do projeto anticomunista da Guerra Fria e da privatização, embora fosse isso também. Informado por uma doutrina da segurança nacional que identificava inimigos internos e externos a serem combatidos (e invariavelmente pensava neles como agentes que atuavam juntos em uma conspiração contra a pátria), o regime brasileiro não foi, no entanto, apenas repressivo. Ele também produziu uma compreensão

[1] Agradeço à ensaísta Aline Barros pela leitura de uma versão anterior deste artigo.

do que o país deveria ser. Ao contrário da ditadura argentina, ele teve seus intelectuais orgânicos — figuras que formularam intelectualmente legitimação para o regime militar, como Roberto Campos ou mesmo, a partir de um registro naquele momento já anacrônico, Gilberto Freyre.[2] Ao contrário de seu equivalente chileno, o discurso com o qual operou não esteve restrito à tríade da privatização econômica, do catolicismo conservador e da doutrina da segurança nacional.

Entre os aspectos menos estudados na bibliografia canônica sobre a ditadura militar brasileira, encontra-se o seu projeto singular para a Amazônia. O regime possuía uma política clara para a região; preocupações de segurança específicas para ela; um plano para "povoar" e "ocupar" que, além de desconsiderar aqueles que já lá viviam — em muitos casos há bem mais de cinco séculos —, esperava dela que ela se transformasse em colônia energética e fonte de matérias-primas para o projeto do progresso. Acima de tudo — e essa foi a metáfora exaustivamente usada à época —, a Amazônia deveria ser *incorporada* à nação. Os sentidos adquiridos por esse verbo e seus sinônimos conjunturais (modernizar, povoar, atualizar) oferecem um mapa de como os generais brasileiros conceberam a Amazônia. Entre os intelectuais orgânicos da ditadura, Golbery do Couto e Silva foi o responsável principal pela geopolítica do regime para a Região Norte, baseada fundamentalmente em uma ideia de ocupação que sistematicamente ignorou e desrespeitou as formas de vida e os saberes já presentes na região há séculos.

Em 10 de dezembro de 2014, a Comissão Nacional da Verdade entregou à presidente Dilma Rousseff os três volumes de seu relatório sobre as mortes e desaparições perpetradas pelo Estado brasileiro e ocorridas no período da ditadura militar (1964-85). Fruto de um acordo político bem singular, a CNV não tinha como indiciar torturadores e foi obrigada a abarcar um período muito maior, que incluía

---

[2] A bibliografia aqui é bastante copiosa e não pode ser resumida em uma nota, mas, no que se refere à política cultural do regime militar, consulte-se especialmente Ortiz (1985). Para uma análise da política cultural da ditadura brasileira em um contexto comparativo com a argentina e a chilena, veja-se Avelar (2003:51-104).

também o regime formalmente democrático de 1946-64. Mesmo reduzida a sete membros, sem poder jurídico e enfrentando uma série de outros obstáculos, a CNV coletou 1.121 testemunhos, organizou 80 conferências e lançou luz sobre uma miríade de atrocidades cometidas pela ditadura. O relatório da CNV teve o mérito analítico de dedicar um capítulo às violências cometidas contra os povos indígenas, mas uma vasta camada de silêncio ainda cobre boa parte dos fatos. Ele estabelece a morte de pelo menos 8.350 indígenas como resultado das políticas de Estado entre 1946 e 1988, mas, como apontou o pesquisador Pádua Fernandes na cerimônia de entrega do relatório da Comissão da Verdade Rubens Paiva, do estado de São Paulo, o relatório nacional apresenta dados suficientes para que se fale em genocídio, mas esses dados não são assim apresentados.[3]

Não seria exagero afirmar que o extermínio de ameríndios na Amazônia tornou-se política de Estado oficial brasileira durante a ditadura, se é que algum dia deixou realmente de sê-lo. Como apontou José Bessa Ribamar Freire,

> na Amazônia, mais do que militantes de esquerda, a ditadura eliminou índios, entre outros, Cinta-Larga e Surui (RO/MT), Krenhakarore na rodovia Cuiabá-Santarém, Kanê ou Beiços-de-Pau do Rio Arinos (MT), Avá-Canoeiro (GO), Parakanã e Arara (PA), Kaxinawa e Madiha (AC), Juma, Yanomami e Waimiri-Atroari (AM/RR).[4]

Para que se tome um exemplo algébrico, o número de vítimas da ditadura reconhecidas pelo Estado brasileiro como mortas ou desaparecidas durante a ditadura seria 424, segundo o relatório da Comissão da Verdade. Esse número, no entanto, seria quintuplicado com o reconhecimento de um único massacre indígena, a matança de aproximadamente 2 mil indivíduos da etnia Waimiri-Atroari durante a constru-

---

[3] Brasil (2014). O comentário de Pádua Fernandes pode ser acessado em: <http://amazonia.org.br/2015/03/comissão-da-verdade-considera-a-n%C3%A3o-demarcação-de-terras-indígenas-grave-violação-de-direitos-humanos/>.

[4] Disponível em: <http://noticias.terra.com.br/brasil/blogdaamazonia/blog/2014/06/01/na-amazonia-ditadura-matou-mais-indios-do-que-guerrilheiros/>.

ção da BR-174. Posto que a visibilidade das populações indígenas como sujeito político nas décadas de 1960 e 1970 era bem inferior à adquirida hoje, depois do grande renascimento do movimento indígena, esse massacre é um dos muitos acontecimentos praticamente esquecidos na historiografia e só recentemente resgatado.

A partir do final dos anos 1960, com a construção da BR-174, ligando Manaus a Boa Vista, forças militares começam a ocupar as terras Waimiri-Atroari. A empreitada encarava a compreensível resistência dos Waimiri-Atroari, já que a construção trazia consigo a poluição e a devastação ecológica que tradicionalmente acompanham esse tipo de megaobra na Amazônia. Iniciando-se no final da década de 1960 e prolongando-se até 1977, os Waimiri-Atroari foram vítimas do que é possivelmente o maior genocídio do Brasil contemporâneo. De acordo com os números da Funai compilados pela Comissão, a população Waimiri-Atroari era de aproximadamente 3 mil indivíduos em 1972. Em 1974, ela havia sido reduzida a mil indivíduos. Em 1981, nova contagem da Funai mostra a redução do número de Waimiri-Atroaris a 571. Ainda assim, com a exceção de algumas dezenas de antropólogos, lideranças amazônidas e o próprio povo Waimiri-Atroari, que agora está de volta a uma população de aproximadamente 1.600 indivíduos, pouca memória histórica se preservou desses acontecimentos.

Um dos personagens centrais da história, o coordenador da Funai para a Amazônia na época, José Porfírio de Carvalho, publicou em 1982 um livro com detalhes do massacre do qual foi cúmplice:

> Entre outras medidas administrativas que foram decididas naquele momento, ficou acertado que, além das medidas de defesa que o pessoal que trabalhava na estrada já havia adotado, seria realizada pelo Exército, dentro da reserva dos Waimiri-Atroari, demonstração de forças bélicas, por meio de rajadas de metralhadoras, explosão de dinamite e de granadas, numa tentativa de amedrontar os índios e evitar que voltassem a interromper o andamento dos trabalhos da estrada. [Carvalho, 1982:32]

Muitos detalhes desse genocídio de cerca de 2 mil Waimiri-Atroaris são desconhecidos, mas há um memorando do Exército de 1974 que recomenda 13 operações destinadas a produzir terror na população indígena: demonstrações de força como explosões, destruição com dinamite e assassinatos. Só recentemente, com o lançamento de *A ditadura militar e o genocídio do povo Waimiri-Atroari: por que kamña matou kiña*, no contexto do trabalho do Comitê Estadual de Direito à Verdade, à Memória e à Justiça do Amazonas (2014), um exercício mais detalhado de memória desse genocídio encontrou as páginas de uma publicação.

Além do livro de José Porfírio de Carvalho, publicado quase como uma confissão de culpa, uma entrevista da própria época da matança oferece outros componentes importantes da história. Em janeiro de 1975, José Amâncio, recém-nomeado delegado da Funai, concedeu uma entrevista a *O Globo*, na qual declarou:

> Irei com uma patrulha do Exército até uma aldeia dos índios e lá, em frente a todos, darei uma bela demonstração de nosso poderio. Despejaremos rajadas de metralhadoras nas árvores, explodiremos granadas e faremos muito barulho, sem ferir ninguém, até que os Waimiri-Atroari se convençam de que nós temos mais força do que eles.[5]

Nessa entrevista, Amâncio ainda fazia referência a "deter alguns índios" e mantê-los em uma "fortaleza", "numa espécie de prisão", que funcionasse tanto como punição a rebeldes como local de pregações destinadas a fazê-los temer os brancos.

A própria existência da entrevista é digna de nota. Um alto oficial público, em plena ditadura militar, nas condições de pesadelo do Brasil de 1975, concedia uma entrevista a um dos maiores jornais do país detalhando, sem sentir muita necessidade de dissimulá-lo, a preparação de um genocídio. Que a entrevista de Amâncio pudesse aparecer n'*O Globo* sem causar preocupação entre os militares já é testemunho de que as ações repressivas contra as populações ameríndias tinham um estatuto diferente daquelas dirigidas contra ativistas de esquerda. Enquanto, contra estes últimos, o regime invariavelmente produzia versões falsas dos

[5] Entrevista recuperada pelo Conselho Indigenista Missionário disponível em: <www.cimi.org.br/site/pt-br/?system=news&action=read&id=5773>.

acontecimentos para esconder e justificar sua quebra de suas próprias leis — inventava-se que os "terroristas" haviam atacado antes, ou que haviam cometido atos de terrorismo, ou que, capturados, tentaram escapar, ou que cometeram suicídio na prisão —, para assassinar ameríndios nenhuma fabricação desse tipo era necessária. "Dar uma demonstração de nossa força aos índios" já era suficiente justificativa.

Também no episódio da guerrilha do Araguaia, os ameríndios foram alvo de violência específica, reconhecida em 2014 pelo Estado brasileiro. Em nomenclatura um pouco enganosa, a Comissão da Verdade ofereceu anistia ao povo Aikewara, fazendo desta a primeira etnia indígena a ser reconhecida por acontecimentos que tiveram lugar durante a ditadura. Como aponta a carta publicada pela Comissão:

> Durante três anos, de 1971 a 1973, os Aikewara viveram assustados quando ouviam qualquer barulho de carro ou avião. Logo pensavam que seriam mortos. Muitos tinham insônia, não conseguiam dormir tranquilos porque o tempo todo eram ameaçados por soldados do Exército brasileiro. As mulheres ficavam apavoradas ao ouvir a tradução de quem sabia falar um pouquinho de português, de que os soldados estavam ordenando que as crianças se calassem e, que se fizessem qualquer barulho, eles matariam todos. E todos os homens adultos da aldeia foram levados para servir de guias para os "marehai" na mata — que conhecemos bem porque é a nossa terra. Sem comer direito, andando por dias e dias, obrigados a levar cargas pesadas nas costas, aos empurrões, gritos e ameaças, dormindo ao relento na mata e adoecendo. [Ywynuhu Suruí, 2014]

As memórias da guerrilha do Araguaia, por muito tempo hegemonizadas pelas rememorações dos militantes do PCdoB, têm recebido recentemente um influxo diverso, como mostram documentários como *Araguaia: terra sagrada*, dirigido por Evandro Medeiros e baseado em relatos de camponeses da região, que tenta reconstituir os rastros do que foi a experiência vivida por atores sociais, tanto camponeses como indígenas, que não eram agentes diretos da operação da guerrilha.[6]

[6] Ver também os trabalhos que vem desenvolvendo Tânia Sarmento-Pantoja (2015:101-111) sobre as narrativas do Araguaia.

Uma das formas ainda pouco estudadas na historiografia em que a ditadura tomou ameríndios como alvos preferenciais foi a construção de campos de concentração específicos para a população indígena. Em Minas Gerais, a Funai manteve dois centros de detenção, nas cidades de Resplendor e Carmésia, nos quais mais de 100 indivíduos de dezenas de etnias foram mantidos em cativeiro durante a ditadura. O reformatório Krenak sistematizou uma série de práticas repressivas que já eram moeda corrente já durante o precursor da Funai no período democrático, o Serviço de Proteção ao Índio (as ironias da nomenclatura se acumulam nesse tema). Espancamentos, chicoteamentos, suspensão de corpos de ponta-cabeça, privação de luz, água ou comida, confinamento solitário, trabalhos forçados, violência sexual contra mulheres e crianças: essas foram algumas das práticas regulares de punição aos índios no Reformatório Krenak.

O Relatório Figueiredo, documento de 7 mil páginas escrito já durante a ditadura, no final dos anos 1960, pelo procurador que lhe dá nome, e só recentemente trazido à luz pelo trabalho do Movimento Tortura Nunca Mais, é o maior testemunho da continuidade das atrocidades contra os índios da democracia à ditadura. No caso particular do Reformatório Krenak, os documentos revelam que as próprias autoridades com frequência não sabiam quais eram as acusações lançadas contra os ameríndios. Apesar de que estes eram encarcerados como represália à sua luta pela terra, eles nunca foram reconhecidos como presos políticos do regime. Um número considerável de vítimas ou de famílias de vítimas da ditadura recebeu indenizações do Estado brasileiro, mas nenhuma delas é indígena, apesar de que os índios sofreram, de longe, o maior número de mortes na época, não só em termos relativos, mas mesmo em termos absolutos. Parece operar como obstáculo para esse reconhecimento o caráter normatizado dos massacres contra os povos originários, que mantém uma notável continuidade na passagem do período democrático para a ditadura militar. Os esforços mnemônicos de sujeitos indígenas mostram muito mais continuidade entre esses dois períodos do que costuma ser o caso nos relatos, memórias e historiografia ancorados na sociedade euro-brasileira.

Exemplo contundente é aquele que poderia ser definido como o grande texto do nosso tempo, a mais radical empreitada de interpretação da sociedade brasileira no século XXI, sem que ela seja, em nenhum momento, uma obra estrita ou unicamente sobre o Brasil. Falo de *A queda do céu*, escrito a quatro mãos ao longo de três décadas por Davi Kopenawa Yanomami e o antropólogo francês Bruce Albert (Kopenawa e Albert, 2015). O atributo essencial dessa obra é o seu caráter múltiplo e rizomático: *A queda do céu* é uma autobiografia do próprio Kopenawa, um relato da história dos contatos entre Yanomamis e brancos ao longo do último século, uma copiosa autoetnografia do próprio povo Yanomami, além de uma antropologia crítica, demolidora, da sociedade euro-brasileira. Os Yanomamis, nação que reside no Brasil (Amazonas e Roraima) e na Venezuela, não tiveram contatos com os brancos até bem entrado o século XX. Eles totalizam hoje aproximadamente 19.300 indivíduos no Brasil e 16 mil na Venezuela, segundo dados do Instituto Socioambiental. Ao longo das décadas de 1930 e 1940 intensificaram-se os contatos dos Yanomamis com a sociedade euro-brasileira, a partir da chegada de missionários católicos e protestantes e a abertura de diversos postos do Serviço de Proteção ao Índio.

O ponto de inflexão foi a construção da Transamazônica, nos anos 1970, quando um número indefinido de Yanomamis foi massacrado ou morreu de sarampo ou malária. No final da década de 1980, a atenção do mundo se voltou para o território Yanomami, quando a invasão de 40 mil garimpeiros causou a morte de pelo menos mil Yanomamis, de novo por meio de uma combinação de massacres e epidemias. A consternação gerada pela matança genocida e a emergência de Davi Kopenawa como liderança ambientalista e indígena mundialmente reconhecida criaram as condições políticas para a demarcação do território Yanomami, oficializada no governo Collor, em 1992.

A colaboração entre Kopenawa e Albert em *A queda do céu* obedece um registro bastante diferente das colaborações que se tornaram canônicas na literatura latino-americana das últimas décadas e que ensejaram uma série de debates acerca do conceito de testemunho (ou *testimonio*, segundo a formulação canônica na América hispânica). A colaboração entre a antropóloga franco-venezuelana Elizabeth Burgos e a líder maia-quichê guatemalteca Rigoberta Menchú, vencedora do Prêmio Nobel da Paz, foi a referência canônica para esses debates, nos quais cumpriram papel central o tema da implícita hierarquia entre o intelectual e o informante nativo, bem como a potencial distorção das palavras deste último na passagem à língua hegemônica dos gêneros sancionados pela tradição ocidental. Nada poderia ser mais irrelevante para uma leitura da colaboração entre Kopenawa e Albert. Em 2010, data da publicação do original francês, Kopenawa era um intelectual mundialmente renomado que já havia se dirigido às Nações Unidas e a uma série de governos ao redor do mundo. Kopenawa e Albert se conheceram em 1978 e as gravações que deram origem ao livro foram feitas entre dezembro de 1989 e o começo da década de 2000. Na data de publicação da obra, Albert já tinha vivido em território Yanomami durante 35 anos. Kopenawa é fluente em português e certamente não tem em Albert um "mediador", em qualquer sentido do termo. Em outras palavras, trata-se de uma colaboração verdadeiramente horizontal, na qual as noções de mediador e informante nativo já não fazem qualquer sentido. Essa diferença está tematizada no interior da própria obra, em seus momentos autobiográficos: Kopenawa chegou a ser um "intérprete dos brancos", na sua época de funcionário da Funai, mas confere à ruptura com esse momento de sua vida um papel central em sua formação como xamã e pensador indígena.

O antropólogo Eduardo Viveiros de Castro definiu *A queda do céu* como "a primeira tentativa sistemática de uma 'antropologia simétrica' ou 'contra-antropologia' do Antropoceno". O Antropoceno, conceito cunhado pelo ecologista Eugene Stoermer e depois usado amplamente pelo químico atmosférico e Prêmio Nobel Paul Crutzen, designa a era geológica a qual a Terra estaria agora em transição. O advento da era anterior, o Holoceno — que substituíra a última era do gelo, ou o Pleistoceno, por volta de 10 mil anos atrás —, coincidiu com a emergência das instituições que viemos a associar à civilização, como as cidades, a agricultura, a escrita e as religiões organizadas tal como as conhecemos. O Holoceno é o período mais quente no qual supostamente estamos no momento, mas "a possibilidade da mudança climática antropogênica coloca a questão de seu término". É o que argumenta o historiador indiano Dipesh Chakrabarty em um ensaio intitulado "O clima da história: quatro teses":

> Agora que os humanos — graças aos nossos números, à queima de combustíveis fósseis e outras atividades relacionadas — nos tornamos agentes geológicos no planeta, alguns cientistas propuseram que reconhecêssemos o começo de uma nova era geológica, na qual os humanos agimos como os grandes determinantes do meio ambiente do planeta. O nome que cunharam para esta nova era geológica é o Antropoceno. [Chakrabarty, 2009:208-209]

A obra de Kopenawa/Albert é uma contra-antropologia para o Antropoceno porque ela mira o coração do que nos trouxe ao novo período geológico: a egocêntrica obsessão do homem ocidental em dominar a natureza, escravizar animais, arrancar metais da terra e colocar ecossistemas inteiros a seu serviço. *A queda do céu* é, mais que nada, um livro de ensinamentos aos brancos, a esse povo caracterizado, sobretudo, pela desmemória.

Dividido em três partes ("Devir outro", "A fumaça do metal" e "A queda do céu"), a obra de Kopenawa/Albert, escrita em prosa intensamente poética, passa da descrição da própria trajetória de Kopenawa, incluído o chamado a aceder à condição de xamã, uma exaustiva descrição da cosmogonia Yanomami, a uma história dos contatos do povo Yanomami com os brancos, a uma descrição dos horrores impostos pelos brancos à floresta, a uma análise da desmemória do "povo da mercadoria" (um dos muitos epítetos com os quais Kopenawa designa a civilização dos brancos), a uma descrição de suas viagens pelo mundo em defesa de causas ambientais e em denúncia das violências sofridas por seu povo. Em um dos apêndices do livro, Bruce Albert descreve o trabalho de gravação, transcrição e tradução e a natureza do pacto etnográfico que permitiu a construção de um eu autoral composto de dois indivíduos. Dois outros apêndices oferecem ricos glossários etnobiológicos e geográficos. Outro apêndice relata os detalhes do massacre de Haximu em 1993, quando 16 Yanomamis foram assassinados por garimpeiros às margens do rio Orinoco. Outros apêndices detalham em termos básicos a estrutura da língua yanomami, a história dos Yanomamis no Brasil e dão uma descrição do Watoriki ("Montanha Selvagem"), um dos aproximadamente 250 grupos Yanomamis existentes hoje no Brasil, no qual Kopenawa vive com sua família e sogros desde o final dos anos 1970.

Segundo a cosmologia Yanomami, há uma razão pela qual Omama, a divindade maior, enterrou os minerais sob a terra: "As coisas que os brancos extraem das profundezas da terra com tanta avidez, os minérios e o petróleo, não são alimentos. São coisas maléficas e perigosas, impregnadas de tosses e febres, que só Omama conhecia" (Kopenawa e Albert, 2015:357). Os Yanomamis nomeiam o alumínio com o mesmo nome com que designam as estrelas — os metais são resquícios do céu que desabou sobre seus ancestrais. Insistindo em desentender por que os metais se encontram soterrados sob a terra, os brancos os arrancam do solo, afugentam o vento fresco da floresta e queimam seus habitantes com a fumaça da epidemia. As palavras de Kopenawa, publicadas inicialmente em 2010, adquiriram mais uma vez um caráter profético: em novembro de 2015, duas barragens operadas pela Samarco, companhia de propriedade conjunta da Vale do Rio Doce e da Anglo-Australiana, romperam-se e liberaram 62 milhões de metros cúbicos de lama tóxica que destruiu a comunidade de Bento Rodrigues, nos arredores de Mariana, Minas Gerais. A lama tóxica encharcada de minerais viajou 600 quilômetros ao longo do rio Doce, matando pelo menos 20 pessoas e destruindo a quinta maior bacia hidrográfica do Brasil. A pior catástrofe ambiental da história do país deixou um legado de destruição que ainda está longe de ser mensurada. Como se sabe, a Vale e outras companhias mineradoras são grandes contribuintes às campanhas eleitorais de todos os principais partidos políticos brasileiros, e já durante as semanas seguintes ao crime ambiental da Samarco ficava nítido que o sistema político brasileiro escolheria o caminho da cumplicidade com a empresa. Kopenawa repetidamente avisa que a incapacidade do povo da mercadoria de compreender e se relacionar com a floresta, os rios, os oceanos e os animais não humanos provocará a "queda do céu". Na era do aquecimento global, da acidificação dos oceanos e dos crescentes danos causados pela mineração, as palavras de Kopenawa adquirem urgência renovada.

Na crítica de Kopenawa ao povo da mercadoria, o tema do esquecimento ocupa papel central. Uma de suas frases mais reiteradamente repetidas resume o veredito: "os brancos desenham suas palavras porque seu pensamento está cheio de esquecimento". Segundo Kopenawa, os brancos se esqueceram de como sonhar e fazer as imagens dos ancestrais dançar, e o resultado é a obsessão com submeter a floresta à lógica da propriedade. Há um laço que une o cosmológico e o histórico na amnésia que caracteriza o povo da mercadoria — esquecer os ancestrais implica também esquecer as catástrofes produzidas ao longo da história pela ganância e pelo desrespeito à floresta: "Omama não nos deu nenhum livro mostrando os desenhos das palavras de Teosi, como os dos brancos. Fixou suas palavras dentro de nós. Mas, para que os brancos as possam escutar, é preciso que sejam desenhadas como as suas. Se não for assim, seu pensamento permanece oco" (Kopenawa e Albert, 2015:77). Há um fio condutor que leva da crítica da amnésia à crítica do egocentrismo do povo da mercadoria: "Os brancos não sonham tão longe como nós. Dormem muito, mas só sonham com eles mesmos. Seu pensamento permanece obstruído e eles dormem como antas ou jabutis. Por isso não conseguem entender nossas palavras" (Kopenawa e Albert, 2015:390). A amnésia crônica em que vive o povo da mercadoria estaria então diretamente relacionada com sua incapacidade de sonhar com o outro, de abrir-se às palavras do outro, de abandonar sua renitente insistência em enxergar apenas a si próprio. A recente volta do Brasil a projetos ecocidas concebidos durante a ditadura militar é apenas mais uma das manifestações dessa vocação para o esquecimento.

Referências

AVELAR, Idelber. *Alegorias da derrota*: a ficção pós-ditatorial e o trabalho do luto na América Latina. Belo Horizonte: UFMG, 2003.

BRASIL. Comissão Nacional da Verdade. *Relatório*. Brasília: Comissão Nacional da Verdade, 2014. 3 v.

CARVALHO, José Porfírio de. *Waimiri-Atroari*: a história que não foi contada. Brasília: Ed. do Autor, 1982.

CHAKRABARTY, Dipesh. O clima da história: quatro teses. Tradução de Idelber Avelar et al. *Sopro*, v. 91, 2009.

COMITÊ ESTADUAL DE DIREITO À VERDADE, À MEMÓRIA E À JUSTIÇA DO AMAZONAS. *Ditadura militar e o genocídio do povo Waimiri-Atroari*: por que kamña matou kiña. Campinas: Curt Nimuendajú, 2014.

KOPENAWA, Davi; ALBERT, Bruce. *A queda do céu*: palavras de um xamã yanomami. Tradução de Beatriz Perrone-Moisés. São Paulo: Companhia das Letras, 2015.

ORTIZ, Renato. *Cultura brasileira e identidade nacional*. São Paulo: Brasiliense, 1985.

SARMENTO-PANTOJA, Tânia. Sobre "um certo Araguaia". *Guavira Letras*, v. 20, p. 101-111, 2015.

YWYNUHU Suruí: O primeiro povo indígena anistiado. *Folha de S.Paulo*, 22 set. 2014.

PARTE II

CAPÍTULO 5

Itinerários latino-americanos:
intercâmbio e produção cultural na trajetória intelectual de Lídia Besouchet e Newton Freitas no exílio rio-platense (1938-50)

Lívia de Azevedo Silveira Rangel

Resumo

O PONTO de partida deste projeto é o estudo da trajetória de exílio de dois intelectuais brasileiros que se refugiaram na Argentina durante a ditadura do Estado Novo. Trata-se de Lídia Besouchet e Newton Freitas, um casal de escritores que durante a década de 1930 militou no Partido Comunista e na Aliança Nacional Libertadora. Condenados ao desterro devido ao engajamento na luta revolucionária, Lídia e Newton deixaram o Brasil pela fronteira uruguaia pouco tempo depois de instaurado o regime de ditadura. Após uma breve passagem por Montevidéu, o casal viajou para Buenos Aires, onde se estabeleceu, ali permanecendo por mais de uma década. Na capital portenha, desempenharam uma vasta atividade cultural, seja publicando livros e colaborando na imprensa, seja promovendo palestras, exposições e encontros. A evidência deste ativismo cultural, que tinha como objetivo aproximar o Brasil e a Argentina e, nessa mesma linha, o Brasil da América Hispânica, conduziu este projeto a investigar o papel assumido por ambos como mediadores e ao mesmo tempo produtores de cultura, de modo a discutir os aspectos que envolveram a participação do casal no movimento de divulgação da cultura brasileira no cenário argentino da década de 1940. Para tanto, a pesquisa utilizará de três eixos documentais: o acervo pessoal, que inclui cartas, postais, fotografias e manuscritos; a documentação da polícia política, por meio dos prontuários e relatórios fabricados sobre os dois durante o período da repressão estadonovista; e o conjunto de publicações periódicas, nacionais e estrangeiras, que oferecem registros importantes sobre a colaboração intelectual de Lídia e Newton ao longo dos 13 anos vividos no exílio.

I. Justificativa do tema e apresentação dos personagens

O estudo da trajetória intelectual de Lídia Besouchet[1] e Newton Freitas[2] no período em que viveram na Argentina (1938-50) é o objeto de interesse desta pesquisa, que pretende investigar o papel desses personagens no universo das mediações políticas e culturais, entendendo a atuação do casal como agentes promotores da circulação e da ressignificação de ideias no contexto latino-americano. Com o intuito de aprofundar a compreensão desse período de suas vidas, o estudo dará maior relevo a duas frentes de atuação em que os referidos escritores estiveram envolvidos desde que deixaram o país rumo à região do Rio da Prata: primeiro, dará atenção à expectativa do casal, especialmente de Lídia, de colaborar nas tarefas de coordenação da esquerda trotskista no continente americano; segundo, analisará a posição que ocuparam no movimento de intercâmbio entre a produção artístico-literária brasileira e hispano-americana durante a década de 1940.

A experiência de exílio de Lídia Besouchet e Newton Freitas na Argentina foi determinante tanto para o desenvolvimento de suas atividades como escritores quanto para o redirecionamento de suas práticas

[1] Nascida em Porto Alegre, no dia 23 de maio de 1908, Lídia Besouchet viveu parte de sua infância na cidade mineira de São João del-Rei e praticamente toda a sua juventude na capital do Espírito Santo, para onde se mudou com sua família por volta do ano de 1920. Nessa cidade, frequentou o curso de magistério, na Escola Normal, concluindo os estudos em 1924. Mais tarde, foi apontada como uma das representantes do grupo pioneiro de professores que fez parte da tentativa de reforma do ensino tradicional nas escolas capixabas, o qual esteve apoiado nas inovadoras propostas pedagógicas da Escola Ativa.

[2] Capixaba de nascimento, Newton de Freitas Coutinho nasceu em Vitória no dia 6 de outubro de 1907. Filho de José de Freitas Coutinho, piloto de embarcações da Capitania do Porto do Espírito Santo, e de Carmelina do Sacramento Coutinho, Newton cresceu em sua terra natal.

políticas. Neste último caso, a condição de exilados serviu, entre outras possibilidades, para aproximá-los de intelectuais de diferentes nacionalidades, escritores e artistas politicamente engajados que por conta de perseguições, ameaças e represálias sofridas em seus respectivos países, como foi o caso dos espanhóis republicanos, seguiram a mesma rota de refúgio dos dois brasileiros. O encontro com esses intelectuais exilados reforçou em grande parte a convicção antifascista do casal, ainda que, em termos de militância política, de engajamento em movimentos e partidos de esquerda, acontecesse justamente o inverso, o afastamento gradual de ambos conforme as crenças na ideologia bolchevista foram sendo substituídas por críticas e dúvidas ao longo dos anos vividos no exílio. Já com relação ao ofício de escritores, os registros apontam que foi somente após fixarem residência na capital portenha que as condições propícias para escrever e publicar os primeiros livros se apresentaram a Lídia e Newton Freitas, mesmo que o casal tenha iniciado bem antes suas aspirações literárias e já tivesse uma experiência jornalística de mais de uma década. Significa que a partida para a Argentina interferiu de múltiplas formas em suas vidas, influindo com bastante ênfase não só na produção intelectual que desenvolveram nos anos que se seguiram ao exílio, como também nas escolhas políticas que fizeram após a longa estadia em terras estrangeiras.

À revelia do valor histórico que orbita esses personagens, ainda hoje eles permanecem como figuras herméticas, tanto para o público especializado como para o público em geral. Pouco conhecidos, eles podem, contudo, ser encontrados em algumas dezenas de trabalhos acadêmicos[3] e em livros de memórias, sempre ocupando planos secundários,

---

[3] Um cuidadoso levantamento bibliográfico indica que os estudiosos argentinos foram os primeiros a tirarem das sombras os nomes de Lídia Besouchet e Newton Freitas. Raúl Antelo, pesquisador argentino radicado no Brasil, publicou em 1986 um livro intitulado *Na ilha de Marapatá: Mario de Andrade lê os hispano-americanos*, fruto de sua dissertação de mestrado realizada na USP. Esse trabalho foi o responsável por despertar em torno de Lídia e Newton um interesse que, longe de garantir amplo reconhecimento, permitiu com sucesso que outros olhos aproximassem o foco e a perspectiva sobre suas figuras. O próprio autor, desde então, vem demonstrando um interesse cada vez maior principalmente por Newton Freitas, a ponto de, nos últimos anos, ter se dedicado à concretização de um projeto que visa publicar em livro a correspondência trocada entre Newton e Mário de Andrade. Outros dois estudiosos argentinos, quase duas décadas depois, igualmente preocupados com a questão do intercâmbio cultural entre o Brasil e a Argentina, mergulharam um pouco mais a

flutuantes, sem qualquer passado ou referência mais aprofundada. Suas biografias ainda não foram investigadas, assim como seus livros e a participação influente e decisiva que tiveram no universo político-cultural continuam à espera de atenção.

Ao contrário do apagamento biográfico de Newton Freitas, é possível encontrar com referência a Lídia Besouchet ao menos um ou outro trabalho que se esforça em registrar um pouco de sua trajetória. Por ter vivido a maior parte da sua juventude no Espírito Santo, onde começou sua carreira literária publicando nos periódicos capixabas, há um interesse todo especial dos pesquisadores do estado em conhecer a obra dessa escritora. Um trabalho em particular logrou reunir em breves páginas um pouco da biografia de Lídia Besouchet. Vanda de Souza Netto, em seu livro *A embaixadora das artes*, publicado em 2008 pela Secretaria de Cultura de Vitória, dedicou tempo à realização de um estudo crítico da literatura produzida por Lídia. Com algumas incorreções, advindas do acesso restrito da autora à documentação, e dos objetivos específicos que motivaram a produção do livro, o trabalho de Vanda Netto tem, contudo, o mérito de trazer à superfície o conjunto da obra de Lídia Besouchet. O levantamento que realizou indica, sem contar as reedições, que Lídia publicou cerca de 15 títulos, com trabalhos que foram do romance ao gênero histórico-biográfico.[4]

---

fundo no tema, e conseguiram mapear com mais detalhes a participação de Lídia e Newton nesse projeto de integração cultural que cativou toda uma geração de intelectuais. Tanto o antropólogo Gustavo Sorá quanto a historiadora da arte Patrícia Artundo citam os nomes de Lídia Besouchet e Newton Freitas várias vezes em seus trabalhos. Também aqui acontece o mesmo, embora o casal de brasileiros seja intrigante e pareça valioso para compreender parte deste esforço em estreitar o Brasil com a América Latina, não escapole ainda da condição de holofotes para iluminar outros sujeitos. Recomenda-se, como principais referências, a leitura dos seguintes textos, em ordem cronológica de publicação: Antelo (1986); Sorá (2003); Artundo (2004); Sánchez-Élez (2010).

[4] Seu primeiro livro foi publicado, em 1939, em coautoria com Newton Freitas, e saiu intitulado *Diez escritores del Brasil*, com edição de lançamento produzida pela Editora M. Gleizer, de Buenos Aires. Em seguida, Lídia publicou, pela Editora América Económica, também de Buenos Aires, o ensaio biográfico *Mauá y su época* (1940), que ganhou versão em português em 1942. Na sequência, Lídia lançou outro trabalho de caráter histórico, *José Maria da Silva Paranhos — el visconde del Rio Branco* (1942), pela Editora Viau, sucedido por mais dois livros que tratavam da trajetória política do visconde de Mauá. Mas sua estreia como romancista só aconteceu em 1945, quando publicou *Condición de mujer*, lançado pela Editora Sudamericana, livro que chegou ao Brasil em 1948. *El mestizo* (1946), editado pela Emecé

Newton Freitas, por sua vez, apesar de ter acumulado uma vasta relação de livros publicados,[5] não recebeu ainda, sequer de seus conterrâneos, um olhar curioso que gerasse sobre sua obra ou história um estudo. Tudo o que está registrado neste projeto é oriundo da leitura de fontes primárias. As informações disponíveis sobre sua juventude sugerem que a educação formal recebida por Newton Freitas foi interrompida antes que pudesse concluir o ginasial. Ao contrário de Lídia, que recebeu uma sólida formação nos moldes tradicionais, Newton trilhou caminhos alternativos. Antes de completar 18 anos, ingressou na Marinha Mercante. Como marinheiro, e depois como piloto de embarcação, viajou todo o continente americano, indo do Amazonas ao Rio da Prata, trafegando ainda pela América Central até chegar ao litoral de Nova York. Por quase 10 anos, Newton ficou distante de Vitória, sua cidade natal. Assim que abandonou a carreira náutica mudou-se para São Paulo. Após dois ou três anos vivendo na capital paulista, Newton a substituiu pela cidade do Rio de Janeiro, onde entrou para a Faculdade de Direito, que não chegou a concluir, e onde trabalhou como secretário e agente de propaganda da famosa Companhia de Teatro Procópio Ferreira. Durante um período, também no Rio, chegou a competir como atleta profissional do remo no Clube de Regatas Botafogo.

Editores, foi seu segundo romance, sucedido, anos mais tarde, por *Cidade de exílio* (1961), publicado pela Editora José Olympio. Já *Los cuentos de tio Macário* (1947), lançado pela Casa Editora Peuser, marcou sua passagem pela narrativa fantástica, dedicada ao público infantil. Em 1975, Lídia publicou seu mais famoso trabalho como historiadora, a obra *Exílio e morte do imperador*, que saiu pela Editora Nova Fronteira. Muitos ensaios e artigos foram escritos por Lídia Besouchet, alguns foram publicados na imprensa do exterior e do Brasil, outros permanecem inéditos ou inacabados, como o livro *A saga dos Besouchet* e o romance que seria intitulado *Autobiografia do inconsciente*.

[5] Newton Freitas publicou por editoras na Argentina aproximadamente 13 livros. A temática comum a todos eles era o folclore, a cultura popular e outros aspectos da identidade nacional. Alguns dos títulos são: *Alôs afro-brasileños*, publicado em 1942 pela Emecé Editores; *Ensayos Americanos: crítica literária*, que saiu pela Editorial Schapire no mesmo ano; *Maracatú: motivos típicos y carnavalescos*, lançado em 1943 pela Editorial Pigmalión; *Cantos y leyendas brasileñas*, também de 1943, editado pela Poseidon, e *Jaburuna: cuentos y relatos*, um dos últimos livros publicados por Newton na Argentina, com data de 1949, lançado pelas Ediciones Botella al Mar, fundada por espanhóis republicanos.

Quanto a Lídia, paralelo aos princípios tradicionais e religiosos que marcaram sua formação escolar, existia o contexto familiar que lhe oferecia um contraponto, uma outra perspectiva. Embora seu pai fosse militar de carreira, e seus irmãos tivessem também estudado em escolas militares, a família enredava uma linha política progressista de esquerda. Muito jovem, Lídia teve contato com as ideias socialistas por intermédio de seus irmãos, Augusto e Marino Besouchet, que desde meados da década de 1920 eram membros da Juventude Comunista. Com 19 anos, Lídia participava sempre que podia das reuniões clandestinas que os irmãos promoviam no porão da casa em que moravam no centro da cidade de Vitória. Com isso, ao mesmo tempo que era uma moça integrada à alta sociedade capixaba, um núcleo social bastante conservador, e, além disso, um dos talentos literários promissores de seu meio, tal como a elite intelectual do estado a considerava, Lídia mantinha vivos outros interesses, os quais muitas vezes entravam em conflito com as normas convencionais que a rodeavam. Sua inclinação política de esquerda só se converteu em militância propriamente dita depois que conheceu Newton Freitas.

O encontro dos dois, em fins do ano de 1933, gerou mútuos impactos sobre a vida e a personalidade de ambos. Poucos meses após se conhecerem, Lídia e Newton decidiram recomeçar a vida juntos. Lídia, para ir morar com Newton no Rio de Janeiro, abandonou o que tinha construído até ali, deixou para trás a carreira de professora e rompeu um noivado. Newton, por sua vez, que havia perdido o pai recentemente e ajudava a manter a mãe e os irmãos, decidiu tentar amparar a família à distância. No Rio, o casal se instalou em uma pensão no bairro de Botafogo. Os dois passaram a viver praticamente da atividade jornalística. É nesse período que se filiam ao PCB e começam um envolvimento profundo com a militância política. Quando a Aliança Nacional Libertadora foi fundada, em março de 1935, eles aderiram ao movimento. O fracasso da sublevação comunista em novembro do mesmo ano e a forte repressão desencadeada depois do episódio colocaram-nos em situação bastante vulnerável. Após algumas tentativas de escapulir da polícia política, Newton foi preso. Por mais de um ano ficou detido na Casa de Correção e no presídio da Ilha Grande.[6] Lídia, apesar de não ter

[6] Newton Freitas escreveu dois relatos como prisioneiro político, que intitulou *O porão* e *colônia*, referências ao porão do navio que o levou à Colônia Correcional de

sido capturada, foi forçada a viver de modo clandestino. A liberdade de Newton, obtida à custa de uma campanha liderada pelo presidente da Associação Brasileira de Imprensa (ABI), em 19 de março de 1937, foi um alívio mas não garantiu ao casal o fim da perseguição política. Decididos a deixar o país, os dois optam primeiro pela mudança para o Rio Grande do Sul, onde continuam o trabalho como jornalistas enquanto esperam o desenrolar dos acontecimentos e providenciam os detalhes da partida.

A implantação do Estado Novo, em novembro de 1937, esvaziou as esperanças de Lídia e Newton em permanecerem no país, precipitando a fuga rumo ao exílio. A nova conjuntura política tornou ainda mais desfavorável a situação da esquerda, o que colocou o casal novamente na mira da polícia política. Tal como para muitos comunistas e opositores de Getúlio Vargas, a solução imediata para grande parte foi o desterro. Lídia e Newton atravessaram a fronteira Rivera-Santana do Livramento, visando atingir Montevidéu, em janeiro de 1938. Uma vez na capital uruguaia, definiram como destino seguinte e definitivo a cidade de Buenos Aires.

A maior cidade argentina, de acordo com suas expectativas, lhes abriria um leque de oportunidades que em outra parte do continente não parecia tão possível. A proximidade geográfica e a afinidade linguística também foram fatores importantes na decisão. A vida no exílio, desde o princípio, era financeiramente sufocante. Vivendo com poucos recursos, o casal sobrevivia da renda que os trabalhos eventuais como colaboradores na imprensa e como tradutores proporcionavam. Não demorou muito, no entanto, para que as circunstâncias se alterassem positivamente. Em 1939, Lídia e Newton conseguiram o primeiro contrato com uma editora, a M. Gleizer, uma pequena editora portenha, que publicou o primeiro livro de ensaios escrito em coautoria pelo casal, chamado *Diez escritores del Brasil*. Nesse mesmo ano, as relações de amizade com intelectuais argentinos e com os es-

Dois Rios, a mais temida instituição prisional do período. Os relatos foram publicados no Brasil no jornal *O Dia*, de São Paulo. Na ocasião da passagem de Newton Freitas pelo Uruguai, já no exílio, o jornal *Justicia*, órgão oficial do Partido Comunista daquele país, publicou o segundo relato, que foi traduzido para o espanhol e impresso com o título *La bodega*.

panhóis exilados da Guerra Civil começaram a se estreitar e Lídia e Newton experimentaram a fase de maior prosperidade e efervescência artística e cultural de suas trajetórias.

Na sequência desta primeira publicação, o casal engatilhou dezenas de trabalhos, todos editados em castelhano. A maioria dos livros publicados por Lídia Besouchet na Argentina recebeu edição em português. No caso de Newton Freitas, seus livros só circularam em língua espanhola. Acredita-se que uma explicação para tal fenômeno é necessária, o que só é possível após a análise entre obra e contexto de publicação, o que ainda não está ao nosso alcance. Contudo, podemos conjecturar que os livros escritos por Newton tinham finalidades mais práticas, até propagandísticas, de colocar em circulação o máximo de material que pudesse divulgar a cultura brasileira na Argentina, do que os livros escritos por Lídia. Apesar de também pretender expandir o conhecimento sobre o Brasil no contexto dos países latino-americanos, seus trabalhos levavam meses, às vezes anos para serem concluídos, por se tratarem de resultados de pesquisa e reflexão profunda sobre um tema. Newton, por sua vez, se debruçou sobre pequenos ensaios, notas breves e introdutórias, compilações, que não chegaram a requerer um envolvimento prolongado com o assunto. Talvez por isso os livros de Newton excedam numericamente os títulos lançados por Lídia. Newton chegou a publicar quase o dobro de trabalhos em comparação com Lídia, o que constitui fato bastante significativo.

Na Argentina, o casal construiu uma sólida trajetória. A atuação de ambos como agentes de cultura, preocupados em incentivar uma dinâmica de cooperação e integração entre o Brasil e América Hispânica, deve ser ressaltada. Nesse sentido, alguns autores concordam que Lídia e Newton estavam entre os maiores divulgadores da literatura e das artes brasileiras na capital portenha, contribuindo para o fortalecimento do intercâmbio entre artistas e intelectuais dos dois países.[7]

Como personagens de importância singular para a história política e cultural do seu tempo, reconhecemos que, na via contrária, Lídia Besouchet e Newton Freitas são pouquíssimo estudados e conhecidos pelos pesquisadores brasileiros. Seus livros, especialmente os histórico-biográficos, são superficialmente citados em trabalhos aca-

[7] Sánchez-Élez (2010); Souza Netto (2008); Piazza (2006); Sorá (2003).

dêmicos, não sendo objetos de uma investigação mais aprofundada. É por estar ciente do valor dessas trajetórias que a presente pesquisa lança questionamentos e sugere uma abordagem e um recorte específicos sobre a experiência de exílio desses dois intelectuais.

II. Considerações teórico-metodológicas

Nos últimos 30 anos, o campo historiográfico sofreu profundas transformações. O interesse dos historiadores pelos arquivos privados está significativamente associado aos questionamentos e aos deslocamentos trazidos por essa reformulação historiográfica, que conduziu a uma verdadeira "revolução documental". Nesse processo, a história cultural se reinventou, diversificou suas abordagens e abriu espaço para a constituição de novos territórios, agregando sob seu domínio uma "história social das ideias", uma "história intelectual", uma "nova história política" e uma "história da cultura", cujas fronteiras entre si detêm a particularidade de serem fluidas e móveis.

A história intelectual, assim como outros campos que sofreram a interferência da "explosão documental", adotou os acervos privados como fontes preciosas para o estudo das "experiências" dos homens — em seu tempo e espaço — como enfoques decisivos para o entendimento dos processos sociais. Logo, uma das maiores contribuições da história intelectual, no seu realinhamento com as estratégias de inovação da história cultural, foi a de devolver o indivíduo ao seu tempo histórico.

Duas acepções, que se tornaram referência, formuladas pelo historiador francês Jean-François Sirinelli, demarcam a extensão da palavra intelectual: "uma ampla e sociocultural, englobando os criadores e os 'mediadores' culturais, a outra mais estreita, baseada na noção de engajamento" (Sirinelli, 1996:242). Nas duas ideias, os grupos de pertencimento abrangem tanto o jornalista como o escritor, o artista, o erudito e o professor secundário, conjunto que também conta com a participação de estudantes, igualmente criadores ou "mediadores" em potencial, além de outras categorias de "receptores" de cultura. Embora a primeira formulação esteja necessariamente na dependência da segunda, aquela interessa mais aos objetivos da presente pesquisa, por se basear numa ideia de mediação cultural que pressupõe, por parte do intelectual, uma prática relativamente livre de circulação e transmissão das ideias; mesmo assim, não é possível descartar a noção de engajamento.

Outra ferramenta que ajuda a compreender a organização e a dinâmica do campo intelectual são as redes de sociabilidade. Para Sirinelli, "todo grupo de intelectuais organiza-se em torno de uma sensibilidade ideológica ou cultural comum e de afinidades mais difusas [...] que fundam uma vontade e um gosto de conviver" (Sirinelli, 1996:248). Ao falar em "sociabilidade", o autor se refere, exclusivamente, aos laços que unem o núcleo de intelectuais. Para o autor, a noção de sociabilidade se reveste de um duplo sentido. Aquele contido na ideia de rede, que são estruturas organizacionais dessa sociabilidade, e aquele que, para além de um espaço "geográfico", atribui sentido às relações "afetivas", as quais determinam os grupos de afinidades. Assim, para se formar certo conjunto de intelectuais na paisagem ideológica de qualquer período histórico, é necessária a existência de lugares sociais que possibilitem a fermentação e a circulação de ideias.

No caso específico de Lídia Besouchet e Newton Freitas, muitos desses laços de amizade se constituíram ou foram intensificados durante a temporada em que viveram exilados na Argentina. Parte dos vínculos que passaram a estabelecer e a cultivar após se depararem com a experiência do exílio esteve, portanto, intimamente relacionada com as redes intelectuais e políticas construídas e partilhadas por indivíduos ou grupos que enfrentaram, assim como eles, a condição de sujeitos vivendo fora de suas pátrias. Logo, o círculo de intelectuais ao qual Lídia e Newton pertenceram durante a longa estadia, de mais de uma década, na capital portenha existiu não só por conta das afinidades culturais e das empatias políticas, como também por influência dos laços de solidariedade que reforçaram a vontade de convivência entre os intelectuais exilados.

O exílio é, assim, um tipo específico de fluxo migratório que traz em si uma carga de ordem política, determinando as razões do deslocamento. Essa definição, ou melhor, essa condição é o que distingue o termo exilado de outras expressões, como refugiado, expatriado e emigrado. De acordo com Said, a palavra exílio tem origem na velha prática do banimento, entendida como uma punição política de "regimes dados a oprimir e expulsar os dissidentes". Para ele, o exilado jamais abandona seu país voluntariamente (Said, 2003:46). Já uma reflexão mais ampla sobre o exílio procura expandir seu alcance de modo a garantir que o fenômeno seja também entendido como uma forma de opção, na verdade, uma opção política. Desse modo, o exilado seria não só o indivíduo que foi expulso formalmente de seu país, como também aquele que, informalmente, foi "empurrado para fora", devido a perseguições e ameaças do aparelho repressor.

Além das questões mais conceituais, o debate sobre o exílio também possibilita pensá-lo como uma experiência positiva, como uma aventura e uma descoberta, e não apenas como uma perda e uma ferida. Said, ao afirmar que a "maioria das pessoas tem consciência de uma cultura, um cenário, um país; [enquanto] os exilados têm consciência de pelo menos dois desses aspectos" (Said, 2003:59), expõe muito claramente o que, em sua opinião, era o aspecto iluminador da presença dos exilados, "dos excepcionais entre eles". Para o autor, a missão intelectual do exilado passava pela perspectiva crítica, pela coragem moral e pela fermentação de ideias.

É, portanto, neste campo de abordagens teóricas que a presente pesquisa se situa, uma vez que parte da trajetória intelectual e política do casal de escritores Lídia Besouchet e Newton Freitas para compreender o modo como esses personagens atuaram como mediadores de estratégias e discursos destinados a prescrever práticas de produção, circulação e apropriação de ideias da cultura do país de origem em interação com a cultura do país de acolhida e, por extensão, com a identidade cultural da América Latina.

III. Acervos e documentação de pesquisa

As principais fontes selecionadas para análise fazem parte dos acervos pessoais de Lídia Besouchet e Newton Freitas, cuja guarda foi cedida pelo filho do casal, Augusto Newton Goldman, no ano de 2001, ao

Instituto de Estudos Brasileiros da Universidade de São Paulo. Os dois acervos possuem no total mais de 6 mil documentos, em período que abrange os anos de 1890 a 1998. A pesquisa se deterá, sobretudo, nas fontes produzidas durante o exílio dos escritores, entre 1938 e 1950.

Os Fundos Lídia Besouchet e Newton Freitas são compostos por uma ampla variedade de documentos. Nesse conjunto se destacam cartas (divididas em correspondência passiva e ativa), manuscritos, fotografias, livros, catálogos, relatórios, telegramas, cartões-postais, intimações, convites, fragmentos de diários, cadernetas, recortes de jornais e revistas, bilhetes, dossiês e agendas. Num primeiro momento, nenhuma dessas fontes primárias será descartada; somente após uma operação seletiva, que terá como base os questionamentos e as hipóteses prévias que orientam esta pesquisa, é que se poderá assinalar quais delas são mais pertinentes para responder às indagações que o presente estudo se coloca. Nesse caso, como afirma Henry Rousso, com base nas ponderações de Arlette Farge, em seu livro *Le goût de l'archive*, é preciso não se furtar às surpresas da descoberta, o que significa dizer que "o historiador ou o arquivista deve poder ter acesso ao maior número possível de fontes" (Rousso, 1996:90), sempre guiado por reflexões e problemas próprios, além de um bom arsenal teórico-metodológico capaz de possibilitar o maior rigor possível na análise documental.

De modo a iluminar com mais intensidade as experiências políticas de Lídia Besouchet e Newton Freitas, principalmente na temporada em que estiveram vinculados ao Partido Comunista, a pesquisa lançará mão dos documentos que se encontram conservados no Arquivo Público do Estado do Rio de Janeiro, no Arquivo Público do Estado de São Paulo e no Arquivo Público do Estado do Espírito Santo, todos referentes a fundos de documentação oriundos, respectivamente, da Delegacia Especial de Segurança Política e Social (Desps), da Delegacia Estadual de Ordem Política e Social (Deops) e do Departamento de Ordem Política e Social (Dops), antigos órgãos públicos com função de polícia política atuantes durante o governo Vargas.

Os acervos geralmente estão divididos em duas seções: a dos prontuários de pessoas físicas e jurídicas e a dos dossiês temáticos. Ambos contêm documentos pessoais, boletins de informação, correspondência, comunicações reservadas, formulários de identificação policial, termos de declarações e sindicâncias, entre outros (Mendonça, 1998). Lídia Besouchet e Newton Freitas, dentro desse corpo documental, possuem um acervo próprio, o que aumenta os indícios do envolvimento ativo dos escritores com as atividades de esquerda, pois esses órgãos repressivos tinham plena autonomia para vigiar, cassar, prender e torturar todos os militantes de esquerda e opositores, "em especial os de origem comunista, considerados os principais adversários do sistema instituído no pós-30" (Arruda, 2010:19-20).

Por se tratar de um projeto que mira sua problemática central em questões que perpassam a experiência de exílio de Lídia Besouchet e Newton Freitas, na Argentina, a consulta em bibliotecas e arquivos localizados na cidade de Buenos Aires torna-se fundamental. Um levantamento prévio indica três principais instituições: a Biblioteca Nacional de la República Argentina, onde deverão ser consultados o índice de periódicos e revistas e algumas coleções particulares, como a de Luis Emilio Soto, escritor e crítico literário que manteve estreitas relações de amizade e de trabalho com o casal. Também o Centro de Documentación e Investigación de la Cultura de Izquierdas en Argentina (CeDInCI), que concentra o mais expressivo acervo da história das esquerdas no país e onde será realizada a pesquisa na coleção de revistas político-culturais, principalmente naquelas em que se tem um conhecimento prévio da participação de Lídia e Newton como colaboradores.

Já no Archivo de la Dirección de Inteligencia de la Policía de la Provincia de Buenos Aires (DIPBA), que conserva todo o material produzido pelas polícias políticas e pelo serviço de inteligência, desde 1932 a 1998, contabilizando mais de 4 milhões de documentos, de fontes escritas a um acervo fotográfico e sonoro, a pesquisa se concentrará especialmente nas fichas pessoais, nas fichas temáticas e de partidos políticos em busca de possíveis referências ao casal, já que ambos viviam no país como exilados políticos e se relacionavam com representantes da intelectualidade de esquerda (Lorenz, 2007).

Somente após o levantamento dessa documentação é que a pesquisa poderá adquirir a necessária consistência para sustentar a hipótese central do trabalho, ou seja, a ideia de que Lídia Besouchet e Newton Freitas foram protagonistas de um importante movimento de aproximação entre o Brasil e a Argentina, durante a década de 1940, tornando-se dois dos maiores divulgadores da literatura e das artes brasileiras no mundo sul-americano, o que ajudou a aquecer as relações de cooperação cultural entre os dois países.

Parte considerável dessas fontes é inédita, o que força a pesquisa a adotar parâmetros rigorosos e críticos de análise, de maneira a prevenir o "fetichismo do documento", que caminha lado a lado com a "ilusão da verdade" (Gomes, 1998:121-127). Sob essa ótica, é preciso investigar a documentação sem se deixar seduzir totalmente por ela, carregando sempre consigo a ideia de que existe um abismo irremediável entre "aquilo que o autor de um documento pôde ou quis dizer, a realidade que esse documento exprime e a interpretação que os historiadores", mais tarde, farão a partir de sua leitura (Rousso, 1996:90).

Referências

ANTELO, Raúl. *Na ilha de Marapatá*: Mário de Andrade lê os hispano-americanos. São Paulo: Hucitec, 1986.

ARRUDA, Cláudia Maria Calmon. Memórias num bordado: traços de Genny Gleizer no Arquivo Público do Estado do Rio de Janeiro. *Cadernos de Pesquisa Cdhis*, Uberlândia, v. 23, n. 1, jan./jun. 2010.

ARTUNDO, Patrícia. *Mário de Andrade e a Argentina*: um país e sua produção cultural como espaço de reflexão. São Paulo: Edusp; Fapesp, 2004.

FUNES, Patrícia. Desarchivar lo archivado. Hermenéutica y censura sobre las ciencias sociales latinoamericanas. *Iconos. Revista de Ciencias Sociales*, Quito, n. 30, p. 27-39, 2008.

GOMES, Angela de Castro. Nas malhas do feitiço: o historiador e os encantos dos arquivos pessoais. *Estudos Históricos*, Rio de Janeiro, v. 11, n. 21, p. 121-127, 1998.

LORENZ, Federico Guillermo. Archivos de la represión y memoria en la República Argentina. In: PÉROTIN-DUMONT, Anne (Dir.). *Historizar el pasado vivo en América Latina*. Chile: Universidad Alberto Hurtado, 2007.

MENDONÇA, Eliana Rezende Furtado de. Documentação da polícia política do Rio de Janeiro. *Estudos Históricos*, Rio de Janeiro, v. 12, n. 22, 1998.

PIAZZA, Maria de Fátima Fontes. Políticas de amizade: Portinari e o mundo cultural ibero-americano. *Topoi*, Rio de Janeiro, n. 12, p. 222-246, jan./jun. 2006.

ROUSSO, Henry. O arquivo ou o indício de uma falta. *Estudos Históricos*, Rio de Janeiro, v. 9, n. 17, 1996.

SAID, Edward W. *Reflexões sobre o exílio e outros ensaios.* Tradução de Pedro Maia Soares. São Paulo: Companhia das Letras, 2003.

____. *Representações do intelectual*: as Conferências Reith de 1993. Tradução de Milton Hatoum. São Paulo: Companhia das Letras, 2005.

SÁNCHEZ-ÉLEZ, María Victoria Navas. Relaciones entre escritores gallegos y brasileños en el exilio español: el testimonio de Lorenzo Varela y Newton Freitas. *Revista de Lenguas y Literaturas Catalana, Gallega e Vasca*, v. 15, p. 103-125, 2010.

SIRINELLI, Jean-François. Os intelectuais. In: REMOND, René (Org.). *Por uma história política*. Rio de Janeiro: UFRJ, 1996.

SORÁ, Gustavo. *Traducir el Brasil*: una antología de la circulación internacional de ideas. Buenos Aires: Libros del Zorzal, 2003.

SOUZA NETTO, Vanda Luiza. *A embaixadora das artes*. Lídia Besouchet: vida e obra. Vitória: Academia Espírito-santense de Letras, 2008.

CAPÍTULO 6

Um "novo romantismo": o debate entre arte e ciência no modernismo verde-amarelo (anos 1920)

Lorenna Ribeiro Zem El-Dine

A PESQUISA enfocará a escrita modernista verde-amarela, assinalando a presença de um substrato romântico e de uma bibliografia alemã que problematizou os limites entre a literatura e as ciências sociais. A hipótese que se pretende testar é a de que o repertório verde-amarelo traduziu, em grande medida, a distinção alemã entre a poesia e a literatura, e a vinculação da literatura à influência cultural francesa. Sob as lentes desse debate estaria uma aproximação possível com as polêmicas verde-amarelas com literatos e cientistas brasileiros e com suas relações ambivalentes com a antropologia, a sociologia e a história.

Segundo Wolf Lepenies (1996), o contraponto entre poesia e literatura denota uma particularidade do processo de legitimação das ciências sociais, na Alemanha, em fins do século XIX e início do século XX. Nesse contexto, alguns dos fundadores da sociologia alemã pretenderam fixar o verdadeiro sentido da disciplina no país, desvinculando-a da cultura francesa e atribuindo sua origem ao romantismo alemão. A crescente desconfiança com relação à ciência, alarmada pelo êxito das ciências naturais e pela transposição dos métodos científicos para outras esferas do conhecimento, alimentou a polêmica entre a arte e a ciência. O rechaço ao cientificismo, considerado uma ameaça à essência cultural alemã, mobilizou uma série de projetos de reforma das ciências humanas e sociais, que defenderam a mediação entre o conhecimento racional e a intuição poética.[1]

[1] Ver Wolf Lepenies (1996). Especialmente as seções "Hostilidade à ciência e fé na poesia como ideologia alemã" e "Uma particularidade alemã: a oposição entre poesia e literatura".

Nos anos 1920, integrantes do grupo modernista verde-amarelo[2] polemizaram tanto com os cientistas, novos atores do cenário intelectual brasileiro, quanto com os literatos. Aos cientistas acusaram de produzir um conhecimento fragmentário e estéril, e aos literatos, de imitarem modelos artísticos estrangeiros e de se orientarem por regras transpostas da pesquisa científica.[3] À linguagem abstrata e fracionada da ciência os verde-amarelos opuseram a apreensão sintética da essência nacional pelo artista. Para Cassiano Ricardo, por exemplo, a "revelação do Brasil" era uma prerrogativa não dos cientistas, mas dos poetas, que se expressavam pela linguagem do sentimento, "mais concreta e mais pura" (Ricardo, 1927a). O poeta encarnaria a figura do gênio, que traduziria a originalidade brasileira, interpretaria a marcha histórica do país e o guiaria em seu destino singular.[4] O aparecimento desse intérprete nacional dependia, no entanto, da reaproximação entre arte e vida e da rejeição de quaisquer artifícios que inviabilizassem uma expressão sincera do instante brasileiro.[5] Na visão de Plínio Salgado, esse seria o contexto de um "novo romantismo", que continuaria a obra de unificação da consciência nacional, se interpondo ao avanço do "senso materialista" e do "mecanicismo social" (Salgado, 1927).

A valorização da arte e sua oposição ao discurso científico representaram, no entanto, menos um rechaço à ciência do que a tentativa de

---

[2] O movimento verde-amarelo foi fundado por Menotti Del Picchia, Cassiano Ricardo e Plínio Salgado, em junho de 1926, e contou com a participação de intelectuais como Candido Motta Filho e Alfredo Ellis Junior. Genolino Amado e Oliveira Vianna também costumam ser mencionados como próximos ao grupo. Todos eles foram, durante os anos 1920, redatores do jornal paulista *Correio Paulistano*, que foi o principal veículo de divulgação do repertório verde-amarelo.

[3] Consultar, por exemplo, Cassiano Ricardo (1927b) e Plínio Salgado (1926a).

[4] Matei Calinescu (1999:99) aponta semelhanças entre a imagem do artista nos movimentos vanguardistas e no romantismo. Segundo esse autor, "o mito do poeta como profeta" foi "revivido e desenvolvido desde os primeiros dias do Romantismo". Em Shelley, pode-se encontrar "a imagem do poeta (ou do artista criativo de um modo geral) como basicamente um homem de imaginação. Depois, a concepção do poeta como arauto do futuro". Exemplos dessa relação na escrita modernista verde-amarela podem ser consultados em Candido Motta Filho (1925) e Plínio Salgado (1927).

[5] O termo "sinceridade" aparece repetidas vezes nos artigos de Menotti Del Picchia, Cassiano Ricardo e Plínio Salgado, reunidos *n'O curupira e o carão* (1926), como qualitativo de uma arte desobediente aos modelos estéticos europeus. A discussão sobre sinceridade é ampla e pode ter matrizes diversas; será interessante desenvolver essa discussão no decorrer da pesquisa em diálogo com Lionel Triling (2014), Tim Milnes e Kerry Sinamam (2010).

resguardar o papel do artista como guia da nação, além de uma reflexão sobre os limites, especificidades e relações entre arte e ciência. Os modernistas verde-amarelos estabeleceram um diálogo conflituoso com as disciplinas científicas, ora apontando a artificialidade dos seus conhecimentos sobre a realidade brasileira, ora se valendo de suas conclusões para sustentar as próprias intepretações sobre o país. Menotti Del Picchia, por exemplo, se posicionou de modo ambíguo sobre o tema da seleção de imigrantes, colocada em pauta por políticos paulistas, em 1926.[6] Denominou como "líricas" as opiniões de intelectuais que, orientados pelas pesquisas eugênicas, aconselhavam maior rigor na escolha dos imigrantes que seriam recebidos pelo país, observando, entre outros critérios, o racial. Em contraponto, apresentou uma opinião otimista sobre a miscigenação brasileira, recorrendo a mitos como o do bandeirante desbravador do território e fixador das fronteiras nacionais (Del Picchia, 1926). Mas foi também leitor dos estudos do antropólogo Edgar Roquette-Pinto que questionavam o prognóstico negativo a respeito da mestiçagem. Por fim, não deixou de compartilhar com seus contemporâneos, afeitos aos preceitos da eugenia, a defesa de uma seleção imigratória que impediria a entrada no país de indivíduos "defeituosos", "pouco sadios" e "rebeldes à disciplina social" (Del Picchia, 1926). A aproximação entre mito e história seria também flagrante na poesia e nas crônicas de Cassiano Ricardo,[7] bem como na historiografia de Alfredo Ellis Junior (1926), que endossariam tanto uma imagem heroica do paulista como uma visão idealizada sobre a mestiçagem e as relações raciais na trajetória brasileira.

A atenção verde-amarela às discussões em torno da institucionalização das ciências sociais na Alemanha encontra-se registrada em artigos publicados pelos integrantes do grupo modernista, entre 1926 e 1929, com referências a Friedrich Nietzsche, Sigmund Freud, Thomas Mann, George Simmel, Max Scheler, Hermann Keyserling, Robert Graebner, Wilhelm Worringer, Wilhelm Wundt, Wilhelm Dilthey, Jacob von Uexkull, Oswald Spengler e Stefan Zweig. Na crítica de Candido Motta Filho,[8] esses autores

[6] Em 16 de agosto de 1926, um dos membros do grupo verde-amarelo, Alfredo Ellis Junior, submeteu à Câmara Estadual Paulista um projeto propondo a realização de estudos sobre a imigração para orientar a seleção dos imigrantes.

[7] Consultar, por exemplo, Cassiano Ricardo (1983, 1928 e 1927a).

[8] Candido Motta Filho teve uma longa atuação como crítico literário nos periódicos brasileiros. Muitos de seus textos fizeram referência explícita a autores alemães. Em

foram apresentados como expoentes de um movimento de reformulação das ciências e das artes, que havia se intensificado, na Europa, após a Primeira Guerra Mundial, visando a retificar os excessos do racionalismo.[9]

Em "Um filósofo de Kodak", por exemplo, Candido Motta Filho se referiu a Hermann Keyserling como um tipo oposto ao do filósofo de gabinete e fomentador de uma revitalização contemporânea da filosofia (Motta Filho, 1929). No entanto, não foi só a imagem do filósofo que viajava o mundo colecionando instantâneos que chamou a atenção de Candido Motta Filho. Anos antes, em 1926, o intelectual paulista comentou acerca do *chauffeur*, figura sugerida por Hermman Keyserling como tipo representativo do indivíduo moderno. A imagem do motorista remetia à ideia de um homem primitivo adaptado à técnica, inserido na brutalidade da vida contemporânea e sofrendo os prejuízos da civilização ocidental (Motta Filho, 1926). Na América, segundo Candido Motta Filho, o *chauffeur* seria substituído por um novo tipo, americano que se tornaria representativo do século XX e de uma outra civilização (Motta Filho, 1926). Há nesse argumento uma referência direta à tese da ascensão do continente americano diante ao colapso da civilização europeia, que foi muito difundida, à época, entre os intelectuais brasileiros e, geralmente, anunciada junto de alusões ao livro *A decadência do Ocidente* (1922) de Oswald Spengler. Contudo, como sugerem crônicas posteriores de Candido Motta Filho, tanto na Europa como na América e no Brasil, a saída para a crise intelectual de começos do século XX estaria no equilíbrio entre inteligência e intuição. Enquanto lá os movimentos científicos e artísticos lançavam-se à autocrítica, buscando no primitivismo a correção do intelectualismo do século anterior, aqui, a superação da crise intelectual exigia o reconhecimento da nossa dualidade, expressa no confronto entre as heranças europeia e aborígene, e a afirmação da personalidade brasileira (Motta Filho, 1929).

A delimitação do objeto de pesquisa respalda-se, também, numa bibliografia que aponta a continuidade de intenções e sentidos entre o romantismo e os movimentos artísticos de fins do século XIX e início do XX.[10] Entre esses estudos, o ensaio de Octavio Paz (2013) caracteriza o modernismo

---

seus dados biográficos, publicados pela Academia Brasileira de Letras consta o título de Presidente de Honra do Instituto Cultural Brasil-Alemanha.

[9] Ver Candido Motta Filho (1927, 1928a e 1928b).

[10] Sobre esse tema ver, por exemplo, Octávio Paz (2013) e Matei Calinescu (1999).

hispano-americano como um "outro romantismo". Esse movimento teria configurado uma "resposta contraditória ao vazio espiritual criado pela crítica positivista à religião e à metafísica" e atraiu os poetas para uma "nova linguagem" e uma "sensibilidade estética", "impregnadas pela visão analógica da tradição romântica" (Paz, 2013:95-96). Chama-se a atenção, aqui, para as correspondências assinaladas por Octavio Paz entre a oposição do romantismo à ilustração francesa e a do modernismo hispano-americano ao cientificismo, assim como para a ambivalência romântica em relação à sociedade burguesa e a dos modernistas com relação ao imperialismo e ao cosmopolitismo; além da valorização em comum das tradições locais pelos movimentos romântico e modernista (Paz, 2013:94-95, 97-98).

Ainda que nos países hispano-americanos o termo modernismo referencie especificamente o simbolismo literário e o parnaso (Paz, 2013:94), e, portanto, um movimento literário distinto daquele que posteriormente, nos anos 1920, seria denominado como modernismo e vanguarda, no caso brasileiro,[11] a análise de Octavio Paz sugere também um caminho de reflexão sobre as articulações entre movimentos literários brasileiros e hispano-americanos. Cabe assinalar que a presença de um substrato romântico tem sido igualmente apontada em relação ao modernismo brasileiro, inclusive no repertório verde-amarelo,[12] que comparativamente ao de outras vertentes e personagens do modernismo brasileiro, foi menos estudado pela historiografia. Em se tratando de um grupo frequentemente caracterizado como regionalista, o estudo dessas relações reconfigura a participação verde-amarela nos debates modernistas dos anos 1920. Tanto pela atenção às correspondências com os movimentos literários hispano-americanos quanto pelo enfoque que interessa particularmente a este projeto, a respeito da leitura verde-amarela de intelectuais alemães que, no contexto de institucionalização das ciências sociais, se reportavam à tradição romântica.

Grande parte da bibliografia analisou a escrita verde-amarela em função dos seus desdobramentos políticos nos anos 1930 e 1940.[13] Esse

[11] No Brasil, modernismo e vanguarda costumam ser empregados com sentidos muito próximos na definição do movimento literário cujo marco seria a Semana de Arte Moderna de 1922.

[12] Ver, por exemplo, João Kennedy Eugenio (2010), Daniel Faria (2000), Eliana Regina Dutra de Freitas (1999) e Monica Pimenta Veloso (1983).

[13] Podem ser mencionados aqui os estudos de Maria José Campos (2007), Luiza Franco Moreira (2001), Monica Pimenta Velloso (1983) e Gilberto Vasconcelos (1979).

tipo de abordagem, embora ressalte a atuação de Cassiano Ricardo e de Menotti Del Picchia como ideólogos do Estado Novo, e a de Plínio Salgado como líder do Integralismo, dá pouca ênfase à participação desses escritores nos eventos em torno da Semana de 1922. Com efeito, esse projeto se propõe a ressaltar a inserção do grupo verde-amarelo no movimento literário paulista da década de 1920, por meio da atenção às redes de intelectuais constituídas pelos atores do modernismo paulista e à linguagem empregada pelos verde-amarelos.[14] Nesse âmbito, parte-se da premissa de que a aproximação com o debate entre a arte e a ciência nos textos verde-amarelos, enfatizando suas referências ao romantismo e às polêmicas que caracterizaram a história das ciências sociais na Alemanha, poderá iluminar a intrincada relação entre temporalidades, ideias e recursos da escrita verde-amarela.

A pesquisa adotará uma postura de desnaturalização da ideia de modernismo que se tornou convencional entre a crítica sobre o movimento no Brasil. Ainda que nas últimas décadas grande parte dos estudos sobre o tema tenha destacado as variações pelas quais o modernismo se expressou, preferindo adotar o termo no plural, é, ainda, recorrente, que se avalie a qualidade e a relevância dos diversos modernismos pela aproximação ou distanciamento das ideias de Mário de Andrade, reconhecido como figura de proa do movimento. Além disso, a caraterização do projeto modernista a partir da noção de ruptura explica, em grande parte, por que personagens e grupos intelectuais, como o verde-amarelo, continuam sendo pouco estudados do ponto de vista de sua filiação ao movimento.[15] Tal ênfase configura uma visão reducionista do movimento modernista, que deixa em segundo plano não somente os vínculos com a intelectualidade brasileira mas, sobretudo, as relações que se estabeleceram entre o modernismo e as posturas conservadoras.

[14] Nesse sentido serão pertinentes as indicações metodológicas da historiografia francesa dos intelectuais, sintetizadas por François Sirinelli (1996), a abordagem clássica da história das ideias expressa por Quentin Skinner, em suas proposições sobre contexto intelectual ou linguístico, bem como as contribuições de Dominick La Capra (2013 e 1983) à história intelectual.

[15] Ver Randal Johnson (1989, 1995, 1998). No entanto, cabe ressaltar a importância de estudos como os de Eduardo Jardim de Morais (1978), Angela de Castro Gomes (1999), Daniel Faria (2000) e Ivan Marques (2011) pela atenção aos atores do modernismo em geral pouco estudados pela historiografia, do ponto de vista de suas filiações ao movimento de 1922.

Os sentidos associados à vanguarda reiteram, por vezes, esse tipo de interpretação. No estudo de Antonio Arnoni Prado (2010), por exemplo, a noção de "falsa vanguarda" se construiu a partir do argumento de que os literatos enfocados na pesquisa teriam buscado, nos movimentos de renovação literária, um espaço de expressão dos projetos políticos das oligarquias, ameaçados a partir da implantação da República e pelas transformações sociais, nas primeiras décadas do século XX. Como desdobramento, a análise do autor reforça a oposição entre dois grupos, o primeiro, dos autênticos representantes da vanguarda literária, comprometidos com ideais progressistas, e o segundo, formado por literatos que, sob a fachada do modernismo, seriam porta-vozes de uma elite e defensores de posições reacionárias. Desse modo, apesar de Antonio Arnoni Prado privilegiar autores que receberam pouca atenção da historiografia,[16] o investimento naquela oposição não permite vislumbrar a complexidade dos intercâmbios entre posturas literárias e políticas.

A relação entre vanguarda e progressismo, contudo, não é consensual entre os estudiosos do modernismo e das vanguardas. Segundo Raymond Williams (2011), os membros da vanguarda não se viam necessariamente como "portadores do progresso já repetidamente definido", mas principalmente como "militantes de uma criatividade que reviveria e libertaria a humanidade" (Williams, 2011:30). No que diz respeito à política, os vanguardistas assumiram filiações políticas diversas, inseridas nos programas anarquistas e socialistas ou mesmo próximas do fascismo. Desse modo, a complexidade da política da vanguarda abrangeria caminhos nos planos de uma "nova ordem social" ou de uma "velha ordem social", nesse caso, "culturalmente transformada, mas, sob outros aspectos, persistente e restaurada" (Williams, 2011:47).

Por sua vez, é importante ter em vista o modo como os próprios literatos estudados por Antonio Arnoni Prado empregaram aqueles termos, bem como identificar seus usos mais comuns no próprio campo literário. A proposta de aproximação entre arte e vida foi recorrente na escrita verde-amarela, assim como seu apelo para que os escritores se

[16] O estudo de Antonio Arnoni Prado abrangeu literatos como Elísio de Carvalho, Graça Aranha, Renato de Almeida, Ronald de Carvalho e os participantes da vertente modernista verde-amarela.

aproximassem da realidade nacional. Nesse sentido, os discursos verde-amarelos questionaram o isolamento dos intelectuais em sua "torre de marfim" e sua dedicação exclusiva aos temas estéticos. Parece igualmente interessante a noção de efemeridade e a de radicalidade que associaram ao movimento literário que lançaram, destinado a sobreviver enquanto não se estabelecessem regras ou fórmulas rígidas, bem como a postura combativa e dogmática que adotaram em relação aos outros modernistas. Do ponto de vista do grupo, o movimento verde-amarelo aprofundaria o projeto modernista da Semana de Arte Moderna de 1922, cujos pressupostos teriam sido distorcidos pela repetição dos movimentos artísticos europeus. A necessidade de atuar na formulação de uma literatura brasileira, rompendo com a influência europeia, compensaria o sacrifício e a inviabilidade da consagração de sua geração intelectual. Com efeito, é sintomático que Plínio Salgado caracterize *O estrangeiro* (1926) em contraponto aos livros que almejavam o clássico — compreendendo um "dinamismo vital" e a "ação" a que os demais haviam renunciado por uma "hipotética imortalidade".[17]

Considerando o emprego dessa retórica, é possível pressupor que o sentido a partir do qual os verde-amarelos pensaram a si mesmos, como um movimento vanguardista, esteja mais próximo do que foi desenvolvido por Matei Calinescu (1987), ao destacar o movimento de radicalização da modernidade pelos movimentos de vanguarda. Segundo o autor,

> tendo origem no utopismo romântico com seus fervores messiânicos, a vanguarda segue um percurso de desenvolvimento semelhante à "mais antiga ideia de Modernidade, no entanto, mais radical do que ela", pois é "menos flexível e menos tolerante nas nuances" e "naturalmente mais dogmática" — tanto no estilo da autoafirmação como reciprocamente no sentido da autodestruição. [Calinescu, 1999:92]

Octavio Paz, citado por Calinescu, caracterizou a vanguarda de maneira semelhante, "como a intensificação da estética da mudança inau-

[17] Consultar prefácio escrito para a segunda edição de *O estrangeiro* (1926).

gurada pelo romantismo", que passa a questionar a própria tradição da mudança e a ideia de obra de arte (Paz, 2013:119).

Cabe assinalar que o movimento verde-amarelo surge no período considerado mais "construtivo" do modernismo brasileiro, quando a proposta de ruptura parece atenuada pela valorização dos vínculos com a tradição nacional, a partir dos quais se pretendia consolidar uma arte e uma literatura brasileira. Se antes de 1924 os sentidos de renovação ou transformação foram comumente empregados pelos escritores que integrariam o grupo verde-amarelo, para caracterizar o movimento literário da época, a partir do surgimento do grupo, em 1926, seus participantes defenderiam um rompimento efetivo com a influência europeia, considerada arraigada na literatura de outros modernistas, como Mário de Andrade e Oswald de Andrade. Tendo em vista a própria dinâmica do modernismo paulista, a formação de grupos e a publicação de manifestos, será importante uma aproximação em relação à escrita verde-amarela, atenta também à leitura de Peter Bürger (2012) que sugere uma distinção entre modernismo e vanguarda. Na visão desse autor, os modernismos mantiveram intactas as fronteiras entre arte e vida, que os vanguardistas tencionaram eliminar, promovendo uma estetização da vida ou da política.

A pesquisa parte, portanto, do pressuposto de que o movimento verde-amarelo configurou um entre os diversos grupos literários que se desenvolveram, em São Paulo, na década de 1920. O foco do estudo são as tensões e diálogos verde-amarelos com as ciências, notadamente com as ciências humanas e sociais. Esta perspectiva de análise referencia o estudo de James Clifford (2011), que destaca a aproximação entre etnografia e surrealismo, no contexto francês, tendo como atitude comum a busca pela experiência de autenticidade. A ideia do "surrealismo etnográfico", desenvolvida por James Clifford para ressaltar os vínculos entre modernismo e ciências sociais, num contexto de institucionalização, guarda relações com pesquisas realizadas sobre intelectuais latino-americanos, como as de Ricardo Benzaquen de Araujo (2005), sobre a obra de Gilberto Freyre, e a de Anke Birkenmaier (2006), sobre o escritor cubano Alejo Carpentier. No que diz respeito ao modernismo paulista, são conhecidos os diálogos de Mário de Andrade com as pesquisas folclóricas e etnográficas, que foram destacados por Eduardo Jardim de Moraes (1983 e 1978). O confronto daqueles diálogos com experiêcias semelhantes, sobretudo vinculadas às vertentes modernistas que tiveram uma postura distinta ante a tarefa de apreender o sentido da brasilidade, enfatizando o seu acesso via intuição,[18] poderá apontar novos caminhos para a compreensão do modernismo brasileiro nos anos 1920. Nesse sentido, acredita-se que estudar o modernismo verde-amarelo, atentando-se para os ecos de uma bibliografia alemã que revisitou as polêmicas do romantismo com a ciência e com a ilustração francesa, contribuirá com uma perspectiva interessante de apreensão de particularidades do modernismo verde-amarelo, podendo, ainda, resultar na aquisição de novas abordagens teóricas para o estudo do modernismo brasileiro.

Referências

ARAÚJO, Ricardo Benzaquen de. *Guerra e paz*. Casa-grande & senzala e a obra de Gilberto Freyre nos anos 1920. São Paulo: Editora 34, 1994.

BIRKEMAIER, Anke. *Alejo Carpentier y la cultura del surrealismo en América Latina*. Madri: Iberoamericana, 2006.

BÜRGER, Peter. *Teoria da vanguarda*. São Paulo: Cosac Naif, 2012. [1987]

CALINESCU, Matei. *As 5 faces da modernidade*: modernismo, vanguarda, decadência, kitsch, pós-modernismo. Lisboa: Editora Vega, 1999. [1974]

CAMPOS, Maria José. *Versões modernistas do mito da democracia racial em movimento*. Estudo sobre as trajetórias intelectuais e as obras de Menotti Del Picchia e Cassiano Ricardo até 1945. Tese (doutorado) — Universidade de São Paulo, São Paulo, 2007.

CLIFFORD, James. Sobre o surrealismo etnográfico. In: ____. *A experiência etnográfica*. Antropologia e literatura no século XX. Rio de Janeiro: Editora UFRJ, 2011. p. 121-162. [1988].

DEL PICCHIA, Menotti; SALGADO, Plínio; RICARDO, Cassiano. *O curupira e o carão*. São Paulo: Editorial Hélios, 1926.

____. O problema racial. *Correio Paulistano*, São Paulo, 26 ago. 1926. p. 3.

ELLIS JUNIOR, Alfredo. *Raça de gigantes*. São Paulo: Editorial Hélios, 1926.

[18] Em Eduardo Jardim de Moraes (1983), consultar especialmente os capítulos 2 e 4. No estudo de 1978, as páginas 93, 95, 123, passim.

EUGENIO, João Kennedy. *Um ritmo espontâneo*. O organicismo em *Raízes do Brasil* e *Caminhos e fronteiras* de Sergio Buarque de Holanda. Tese (doutorado em história) — Universidade Federal Fluminense, Niterói, 2010.

FARIA, Daniel. *O modernismo que se tornou romântico*: literatura, política e brasilidade. Dissertação (mestrado em história) — Universidade de Brasília, Brasília, 2000.

FREITAS, Eliana Regina Dutra de. Entre a melancolia e a exaltação: povo e nação na obra de Plínio Salgado. *Revista Brasileira de História*, v. 19, n. 37, set. 1999.

GOMES, Angela de Castro. *Essa gente do Rio...* Modernismo e nacionalismo. Rio de Janeiro: Editora FGV, 1999.

JOHNSON, Randal. Notes on a conservative vanguard: the case of VerdeAmarelo/Anta. *Hispanic Studies Series*, v. 4, p. 31-42, 1998.

____. Notes on the structures of literary authoritary in Brazil, 1945-1980. *Mester*, v. XXIV, p. 3-18, Spring 1995.

____. *Rereading Brazilian modernism*. Texas Papers on Latin America. Institute of Latin American Studies, University of Texas at Austin, 1989. Disponível em: <http://lanic.utexas.edu/project/etext/llilas/tpla/8904.pdf>. Acesso em: 4 maio 2015.

LA CAPRA, Dominick. *Rethinking intellectual history*: texts, contexts, language. Ithaca: Cornell University Press, 1983.

____. Retórica e história. *Revista Territórios & Fronteiras*, Cuiabá, v. 6, n. 1, jan./jun. 2013.

LEPENIES, Wolf. *As três culturas*. São Paulo: Editora da Universidade de São Paulo, 1996.

MILNES, Tim; SINANAN, Kerry (Ed.). *Romanticism, sincerity and authenticity*. Nova York: Palgrave Macmillan, 2010.

MORAES, Eduardo Jardim de. *A brasilidade modernista*: sua dimensão filosófica. Rio de Janeiro: Graal, 1978.

____. *A constituição da ideia de modernidade no modernismo brasileiro*. Tese (doutorado em filosofia) — Universidade Federal do Rio de Janeiro, Rio de Janeiro, 1983.

MOREIRA, Luiza Franco. *Meninos, poetas & heróis*. Aspectos de Cassiano Ricardo do modernismo ao Estado Novo. São Paulo: Editora da Universidade de São Paulo, 2001.

MOTTA FILHO, Candido. A volta do dogmatismo. *Correio Paulistano*, São Paulo, 9 ago. 1928a. p. 2.

____. Crise estética. *Correio Paulistano*, São Paulo, 9 fev. 1925. p. 4.

____. Inquietação brasileira. *Correio Paulistano*, São Paulo, 1º ago. 1929. p. 2.

____. Max Scheller e o problema da cultura II. *Correio Paulistano*, São Paulo, 16 nov. 1928b. p. 2.

____. O tipo de nossa geração. *Correio Paulistano*, São Paulo, 3 nov. 1926. p. 3.

____. Primitivismo e cultura. *Correio Paulistano*, São Paulo, 22 abr. 1927. p. 2.

PAZ, Octavio. *Os filhos do barro*: do romantismo à vanguarda. São Paulo: Cosac Naif, 2013. [1972]

PRADO, Antonio Arnoni. *Itinerário de uma falsa vanguarda*. Os dissidentes, a Semana de 22 e o integralismo. São Paulo: Editora 34, 2010. [1983]

RICARDO, Cassiano. A poesia dos cafezais. *Correio Paulistano*, 7 jul. 1928. p. 3.

____. *Martim Cererê*. Rio de Janeiro: Livraria José Olympio, 1983. [1928]

____. Minha terra tem palmeiras. *Correio Paulistano*, São Paulo, 11 jan. 1927a. p. 4.

____. O curupira e o carão. *Correio Paulistano*, São Paulo, 17 mar. 1927b. p. 3.

SALGADO, Plínio. O Brasil e o romantismo. *Correio Paulistano*, São Paulo, 8 fev. 1927. p. 3.

____. *O estrangeiro*. São Paulo: Editorial Hélios, 1926b.

____. Reflexões. *Correio Paulistano*, São Paulo, 10 fev. 1926a. p. 3.

SIRINELLI, Jean François. Os intelectuais. In: RÉMOND, René (Dir.). *Por uma história política*. Rio de Janeiro: Fundação Getulio Vargas, 1996.

SKINNER, Quentin. Significado y comprensión en la historia de las ideas. *Prismas, Revista de Historia Intelectual*, n. 4, p. 149-191, 2000.

SPENGLER, Oswald. *A decadência do Ocidente*: esboço de uma morfologia da história universal. Rio de Janeiro: Zahar, 1964. [1922]

TRILING, Lionel. *Sinceridade e autenticidade*. A vida em sociedade e a afirmação do eu. São Paulo: É Realizações Editora, 2014.

VASCONCELLOS, Gilberto. *A ideologia curupira*. A análise do discurso integralista. São Paulo: Brasiliense, 1979.

VELLOSO, Monica Pimenta. *O mito da originalidade brasileira*: a trajetória intelectual de Cassiano Ricardo (dos anos 1920 ao Estado Novo). Dissertação (mestrado em filosofia) — Pontifícia Universidade Católica do Rio de Janeiro, Rio de Janeiro, 1983.

WILLIAMS, Raymond. A política da vanguarda. In: ____. *Política do modernismo*. São Paulo: Editora Unesp, 2011. p. 27-47. [1989]

CAPÍTULO 7

Florestan Fernandes e os caminhos do antirracismo no Brasil e nos Estados Unidos

Gustavo Mesquita

Resumo

O OBJETIVO deste projeto é investigar o percurso de algumas das ideias de Florestan Fernandes sobre a questão racial. Ao estudar a trajetória intelectual do sociólogo, percebemos em sua obra a centralidade das reflexões sobre racismo e pobreza no Brasil e a imbricação de ambos os temas. Na trajetória das ideias de Florestan, procuraremos recuperar o diálogo que manteve com a rede de intelectuais e organizações internacionais em torno da questão racial, formada por Alfred Métraux, Roger Bastide, Donald Pierson, Emilio Willems, Robert E. Park, Franklin Frazier, entre outros. Com a Declaração Universal dos Direitos Humanos, de 1948, os estudos sobre o racismo assumiram uma importância mundial inédita e receberam financiamento por uma ampla rede de organizações internacionais. Por meio da documentação disponível, é possível investigar a relação de Florestan com a agenda de antirracismo dessa rede intelectual, especialmente no pós-guerra. A partir da análise de cartas, artigos de jornal e relatórios institucionais públicos e secretos, sua vinculação à agenda de antirracismo e direitos humanos daquela rede intelectual, da qual as ideias de *peso do passado*, *igualdade racial* e *movimento negro* são tributárias, ganha nova dimensão.

Recorte temático

Iniciamos a pesquisa comparando duas importantes, mas divergentes, interpretações sobre o sistema de relações raciais do Brasil: Florestan

Fernandes *versus* Gilberto Freyre. Em sua obra, o primeiro analisa o tema do ponto de vista da situação de antagonismo de raça, nos marcos da transição incompleta da sociedade de castas para a sociedade de classes, ao passo que o segundo reflete sobre a interpenetração de raças e culturas, dando a isso o nome de miscigenação, longo processo que teria resultado na formação de uma cultura caracterizada por sua diversidade e universalidade.

Após as leituras iniciais, decidimos tomar o pensamento de Florestan como objeto privilegiado de estudo, abandonando a comparação com Gilberto Freyre, e tendo em vista a definição do objetivo da pesquisa: revelar as conexões de Florestan com os intelectuais que formularam uma agenda política de antirracismo no pós-guerra e, sobretudo, durante a Guerra Fria, para o mundo ocidental. Ou seja, pretendemos analisar em que medida o pensamento de Florestan sobre as relações raciais foi influenciado pela agenda liberal-democrática dos intelectuais norte-americanos, numa tentativa de desconstruir os discursos dominantes sobre a trajetória do sociólogo paulista, como ensinou Michel Foucault (2010).

Esse foi o motivo de termos escolhido investigar a questão racial exclusivamente no pensamento de Florestan. Afastando a discussão sobre a dicotomia entre os que afirmam, em relação ao Brasil, um padrão original e harmônico de relações raciais e os que apontam as especificidades do racismo, pode-se investigar a trajetória que levou Florestan a analisar a questão racial da maneira como o fez, isto é, apropriando-se de ideias, conceitos e categorias fundamentais da corrente de intelectuais liberais e reformistas dos Estados Unidos, como Gunnar Myrdal, Herbert Blumer e Franklin Frazier, e desenvolvendo um diagnóstico sobre o negro de acordo com os ideais de modernidade compatíveis com o sistema de classes, sendo os Estados Unidos um modelo a ser seguido, em sua visão.[1]

[1] A ideia de que as relações raciais representam um problema para o funcionamento do sistema de classes, porque este nada teria a ver com o racismo, e sim com a mobilidade dos grupos sociais, foi bastante utilizada por Florestan, donde ter debatido o tema como um "problema negro". Em suas próprias palavras: "A maioria dos especialistas tende a interessar-se pelo negro na medida em que ele pode ser encarado como um dos fatores operativos em uma situação social mais ampla e complexa". Fernandes (1958).

Tendo finalizado esse recorte, o próximo passo foi encontrar o *corpus* documental adequado a ele. Sabemos que a documentação resulta do diálogo entre Florestan e os intelectuais direta ou indiretamente ligados às agências internacionais, fundamentalmente, a Unesco. Por meio do diálogo mantido com Roger Bastide, Charles Wagley, Alfred Métraux, Marvin Harris, Richard Morse etc. desde os anos 1940, Florestan produziu textos de diferentes tipos, desde correspondências privadas a artigos de jornal e científicos. Essa documentação tem como eixo o interesse das organizações e dos intelectuais no negro como objeto de estudo: a análise da situação social do negro, no passado e no presente, tornou-se a principal perspectiva dos estudos sobre o racismo financiados pelas agências internacionais. O racismo assumiu uma importância inédita no mundo nos anos 1950, especialmente para grupos, organizações e intelectuais comprometidos com a causa dos direitos humanos e com a formulação de uma agenda de antirracismo que garantisse os direitos civis e as liberdades civis à população negra, até então excluída pela discriminação racial, alvo das políticas públicas da Unesco e do governo norte-americano.[2]

Portanto, a questão racial ocupa um lugar central na documentação de Florestan. Numa série composta de três artigos, com a qual Florestan começou sua colaboração no jornal *O Estado de S. Paulo*, em 1943, quando ainda era um estudante de ciências sociais, ele se serviu do folclore afro-brasileiro para discutir o preconceito contra o negro no Brasil (Fernandes, 1943a, 1943b, 1943c). O preconceito racial acabava de se tornar uma questão relevante com a ascensão do antissemitismo na Europa quando Florestan começou a estudar a formação do folclore. O sociólogo ressaltou a importância da cor, reproduzida historicamente pelo folclore, na constituição das hierarquias sociais e, por conseguinte, na discriminação do negro como "ser inferior". O preconceito contra o negro, dizia Florestan, está ancorado no *status* que sua cor carregava no regime escravocrata, no qual o branco era a "raça dominante".

Interessante notar como Florestan se aproximou do tema das relações raciais ainda no princípio de sua formação intelectual. Sylvia Garcia (2002) notou que a adaptação do jovem estudante ao ambiente intelec-

[2] Veremos isto adiante. Ver Cancelli (2010).

tual da USP foi rápida. A adesão à plataforma da nova geração universitária de São Paulo, capitaneada por Antonio Candido, aproximou Florestan da cultura intelectual em formação naquele ambiente. Do mesmo modo, a relação com os mestres estrangeiros, sobretudo com Roger Bastide, fez com que seguisse as diretrizes teóricas da sociologia e antropologia adotadas na Faculdade de Filosofia. Crítica científica da sociedade, racionalização e transformação do *status quo* compunham as bases da aprendizagem sociológica de Florestan nesse tempo, ao lado do estudo dos temas clássicos da sociologia. Os próprios objetos das pesquisas em desenvolvimento por Florestan guardavam íntima relação com o curso dos acontecimentos mundiais, como indica o programa de pesquisas sobre o folclore afro-brasileiro dos anos 1940, cuja atualidade deriva da ação internacional contra o nazismo antissemita e das iniciativas da Unesco, instituição criada para a promoção da paz mundial, de preservação do patrimônio folclórico da América Latina (Cavalcanti e Vilhena, 1990:75-92). Os estudos folclóricos de Florestan convergiram com a agenda dessa agência na medida mesma em que se aproximavam do tema das relações raciais.

Um dos trabalhos de Florestan dos anos 1940 se destaca pela definição do tema, no qual o autor analisa o desenvolvimento das classes sociais no mundo moderno. Quando, em 1948, Florestan publicou *A análise sociológica das classes sociais* (Fernandes, 1948:91-113), ele já era assistente da cadeira de Sociologia II da Faculdade de Filosofia, havia terminado o mestrado em sociologia e antropologia na Escola Livre de Sociologia e Política, sob a orientação de Herbert Baldus, e estava iniciando o doutorado em sociologia na Universidade de São Paulo, sob a orientação de Fernando de Azevedo.

Podemos perceber o início de todo um percurso de pensamento particularmente por meio deste texto. Iniciadas sob a orientação de Roger Bastide na Faculdade de Filosofia, as leituras de Florestan avançaram em direção ao estrutural-funcionalismo, adquirindo consistência teórica e argumentativa. Com esse texto, podemos identificar sua filiação ao modelo de explicação das sociedades modernas fundado no funcionalismo. Ao abordar a problemática das classes sociais, Florestan se embasou na teoria de que as sociedades e suas culturas são constituídas por um sistema integrado de funções: cada grupo desempenharia uma função específica na estrutura social, resultando da combinação destas funções a existência de uma situação social mais ampla e complexa, regulada pelo estágio do desenvolvimento das classes na era industrial (Durkheim, 1978). Fica evidente, como o enfoque do texto nos sugere, a fundamentação teórica de Florestan no pensamento de Émile Durkheim, Karl Mannheim, Talcott Parsons e de alguns sociólogos da Escola de Chicago, como Robert Park e Herbert Blumer. Trata-se de um percurso teórico que desembocará, em primeiro lugar, na sua tese de doutorado, *A função social da guerra na sociedade Tupinambá*, defendida em 1951, e na sua tese de livre-docência, *O método de interpretação funcionalista*, defendida ao mesmo tempo que assumira integralmente a cadeira de Sociologia I da Faculdade de Filosofia, em substituição a Roger Bastide.

Nos anos 1950, a sistematização dos conceitos de classe social e raça encontrava-se avançada devido a teorizações, sobretudo, dos sociólogos norte-americanos acerca das três formas de racismo: o preconceito, a discriminação e a segregação raciais (Guimarães, 2004:9-43). Florestan acompanhava os debates teóricos desde os anos 1940 por meio da leitura crítica dos textos consagrados mundialmente.[3] Em seus estudos desta época e da década de 1950, podemos perceber a apropriação das teorias raciais da Escola de Chicago, de acordo com as quais o preconceito contra negros é uma forma específica de preconceito social: as interações entre as raças definem a posição que cada uma delas ocupa na sociedade como a "dominante" e a "subordinada", donde haver nas interações

> quatro sentimentos que, segundo Blumer, estão presentes no preconceito racial do grupo dominante: (a) de superioridade; (b) de que a raça subordinada é intrinsecamente diferente e alienígena; (c) de monopólio sobre certas vantagens e privilégios; (d) de medo ou suspeita de que a raça subordinada deseje partilhar das prerrogativas da raça dominante.[4]

[3] Florestan leu *An American dilemma*, de Gunnar Myrdal, em 1945. No artigo "A situação racial brasileira", publicado no *Jornal de S. Paulo* em 2 de setembro de 1945, ele comentou o livro mostrando uma leitura atenta, além de se apropriar de suas ideias básicas na tentativa de debater as relações entre negros e brancos não nos Estados Unidos, mas no Brasil. Ademais, em 2013, no Fundo Florestan Fernandes, em São Carlos, encontrei a primeira edição de *An American dilemma* com sinais de leitura e anotações.

[4] Trata-se do paradigma das relações raciais de Herbert Blumer de que fala Guimarães (2004:18).

A explicação estrutural-funcional do racismo foi tão bem aceita academicamente que, no pós-guerra, tornara-se um paradigma nos estudos de relações raciais, consensualmente aceito pelas agências e intelectuais. No Brasil, Marvin Harris, Charles Wagley, Roger Bastide, Donald Pierson e Florestan Fernandes, por exemplo, realizaram análises da situação do negro usando o paradigma, embora tenham chegado a resultados diferentes sobre a mesma questão: onde Pierson viu relações entre negros e brancos destituídas de preconceito racial, Florestan viu a causa da marginalização social do negro.

Quando, nos anos 1950, Donald Pierson atuara na linha de frente da institucionalização do campo de estudos das relações raciais brasileiras, já havia mais de uma década que ele e a Escola Livre de Sociologia e Política (ELSP) contavam com o financiamento do Social Anthropological Institute, órgão subordinado à Smithsonian Institution, dos Estados Unidos, para o fomento de pesquisas sobre as relações raciais no Brasil. O campo de estudos sobre raça fora implantado na ELSP por meio de um programa de pesquisa de campo para pós-graduandos da instituição, com um recorte nos "estudos de comunidade" (Faulhaber, 2011:1-16).

Desde a sua fundação, a ELSP congregou intelectuais especializados nas temáticas contemporâneas das ciências sociais, destacando-se os estudos sobre raça. Além de Pierson, Herbert Baldus e Emilio Willems se destacaram como importantes debatedores da questão racial. A instituição também foi onde Florestan recebera treinamento especializado na pesquisa de campo, assim como pôde se aproximar do estudo das relações raciais quando cursava mestrado sob a orientação de Pierson e, depois, de Baldus em 1945.

Se para instituições como o Social Anthropological Institute e Unesco o Brasil era uma espécie de laboratório de civilização dados o potencial e as vantagens da suposta democracia nas relações entre negros e brancos — algo novo no mundo —, como chamavam atenção os textos do número de *Courier* dedicado ao Brasil (Métraux, 1952:6-15), para Florestan, as teorias aplicadas ao estudo do racismo nos Estados Unidos podiam ser introduzidas na análise e descoberta do preconceito racial no Brasil desde que as tradições culturais fossem consideradas pelos estudiosos o "verdadeiro" sintoma do racismo nessa sociedade.

O diálogo de Florestan com a obra de Donald Pierson, Emilio Willems e Charles Wagley — para quem não haveria preconceito racial no Brasil —, iniciado quando colaborava com o projeto Unesco de relações raciais, entre 1951 e 1953, é uma pista interessante para investigarmos a construção do contraponto ao consenso sobre as relações entre negros e brancos no Brasil. Desde ao menos a Segunda Guerra Mundial, o Brasil era visto internacionalmente como uma sociedade com reduzida taxa de tensões raciais, ou ainda mais, sem qualquer forma de racismo, em comparação com as relações raciais em países como os Estados Unidos e a África do Sul. Trata-se de uma ideia propagada durante o conflito mundial e da qual aqueles três intelectuais eram claramente adeptos.[5]

Apesar de ter aceitado o conceito de H. Blumer de preconceito social, considerando-o operatório para a investigação das relações raciais no Brasil, e se apropriado do estrutural-funcionalismo na passagem dos estudos folclóricos para os estudos raciais, Florestan não aceitou a ideia de que não há racismo no Brasil. No estudo desenvolvido conjuntamente com Roger Bastide para a Unesco (Bastide e Fernandes, 1955), diziam os sociólogos que os estereótipos, estigmas e preconceitos contra o negro, herdados da escravatura, ainda funcionam como meio de reprodução da desigualdade no século XX. Caberia à força da ideologia do branco — a democracia racial — esconder as tensões e os conflitos nas relações entre negros e brancos. Desse modo, o racismo não só existiria como seria um elemento de atraso da constituição da ordem burguesa no Brasil. Os sociólogos interpretam estereótipos, estigmas e preconceitos raciais como problemas para a integração do país no circuito das nações modernas, porque, segundo eles, o racismo resultaria da incompletude da transição da sociedade de castas para a sociedade de classes, e seria por isso um "arcaísmo" (Bastide e Fernandes, 1955).

Dos estudos folclóricos aos estudos raciais: o negro foi o principal objeto do programa de pesquisas de Florestan dos anos 1950. Mas, quem é o negro para Florestan? O que é raça, racismo e antirracismo para ele? É o seu pensamento racial convergente com o da rede intelectual com a qual dialogava, como as teses de Donald Pierson, Emílio

[5] Podemos citar os seguintes textos que mostram a adesão destes três intelectuais ao ideal de democracia racial: Pierson (1945); Wagley (1952); Willems (1949).

Willems e Charles Wagley sobre o sistema de relações raciais do Brasil? Como foi formulado seu pensamento sobre o problema negro, ao longo das décadas de 1940 e 1950, como em *Relações raciais entre negros e brancos em São Paulo*?

Metodologia

Para investigarmos a trajetória dessas ideias, revelando as conexões de Florestan com os intelectuais que formularam uma agenda de antirracismo para o mundo ocidental, de maneira alguma são só os livros, artigos de jornal ou outros textos de sua autoria as únicas fontes de pesquisa. Há um conjunto mais amplo de documentos, até hoje pouco explorados no Brasil, que também são importantes para o entendimento das conexões mundiais entre as ideias em torno da significância do racismo no pós-guerra.

No Brasil, os documentos recolhidos no Fundo Donald Pierson, do Arquivo Edgar Leurenroth e no Centro de Documentação da Fundação Escola de Sociologia e Política de São Paulo (Cedoc/FESPSP), abrem a possibilidade de acompanharmos em detalhe o processo de formação intelectual de Florestan, realizada na USP e na ELSP por intelectuais estrangeiros. Focalizando os históricos escolares individuais, anuários descritivos e estatísticos, relatórios institucionais e revistas acadêmicas de ambas as escolas, é possível entender aspectos do desenvolvimento das ciências sociais no país, como os debates teóricos centrais, as influências recebidas pelos estudantes e as ideias e agendas dominantes em âmbito internacional, que, claro, também estavam em elaboração no Brasil. Os esforços de formar cientistas sociais brasileiros e integrá-los aos centros mundiais de pesquisa sociológica são notáveis nesses documentos.

A correspondência com os intelectuais estrangeiros, professores ou interlocutores de Florestan também tem contribuído para a investigação. Há dois anos estamos investigando essas conexões, vale dizer, o compartilhamento de ideias sobre o negro e sua incorporação pelo sociólogo. Donde ele dizer que o problema negro é mundial. Assim, a democracia brasileira teria um problema análogo à segregação racial existente nos Estados Unidos.[6] A correspondência e os relatórios acadêmicos escritos por Donald Pierson nos anos 1940 dão pistas quanto à inspiração do sociólogo paulista na leitura norte-americana do problema. A partir desse ponto é preciso cotejar os documentos com o acervo mais amplo de que dispomos, a fim de entendermos no que resultou tamanha inspiração.

No pós-guerra, na medida em que a questão racial ganhava cada vez mais importância e trazia implicações político-ideológicas aos blocos soviético e capitalista, a solução do "problema negro" tornava-se uma matéria relevante na agenda do governo norte-americano e na dos países signatários das convenções dos direitos humanos. A Declaração Universal dos Direitos Humanos, de 1948, servira como ponto de partida para o fortalecimento da luta antirracista pelos governos, intelectuais e organizações comprometidos com a eliminação do racismo e da pobreza nos países dos chamados Primeiro e Terceiro Mundo. A luta antirracista ensejada pela Declaração ainda mirava a conquista dos direitos de cidadania da população negra. Na agenda desses grupos, a sociedade de classes era um valor e a garantia dos direitos civis ao negro, sobretudo a igualdade de oportunidades no mercado competitivo, um programa de interesse político reformista.[7]

A atuação da Unesco em prol da luta antirracista era vista como o caminho mais eficaz para o equacionamento do então chamado problema negro. A atuação da organização era norteada por intelectuais que pensavam sua agenda política. É o caso de E. Franklin Frazier. Ele escreveu relatórios para a organização nos quais propunha formas de se pensar e solucionar as barreiras impostas pelo racismo à ascensão social do negro em sociedades democráticas. Encontramos essa documentação no The Moorland-Spingarn Research Center, da Howard University, em Washington, DC.

---

[6] A comparação das relações raciais entre Brasil e Estados Unidos é feita diversas vezes no livro *O negro no mundo dos brancos*, especialmente no capítulo 13, "Aspectos políticos do dilema racial brasileiro", no qual ele assinala um padrão de concentração da renda, cultura e poder pela raça branca dominante, o que teria causado a exclusão da raça negra das oportunidades de ascensão social com o progresso da industrialização nos séculos XIX e XX, em ambos os países.

[7] Como bem enfatizado no seguinte trecho: "Sobre esta parcela, a quem estava reservado apenas o direito de ser administrada como população, é que o movimento contemporâneo pelos direitos humanos iria voltar-se a partir da construção de valores da democracia ocidental". Cancelli (2011:6).

Outros relatórios sobre raça, escritos por integrantes da Unesco, como Ashley Montagu, convergiam, em seus pontos fundamentais, com as diretrizes reformistas da agenda norte-americana. Os relatórios de Montagu foram encontrados em seu arquivo na American Philosophical Society, na Filadélfia. À época tinham caráter totalmente confidencial. Seu conteúdo revela o ideário reformista em torno do conceito de raça, ratificado pela Unesco depois da Segunda Grande Guerra, por meio das resoluções de seu conselho central.

O embasamento em fontes históricas diretas é uma premissa deste projeto de pesquisa, visto que a documentação, já encontrada, forma vestígios escritos da história vivida por Florestan Fernandes, incluindo o entrecruzamento com outros intelectuais. Como registro do passado, a documentação indica relações e fornece mais pistas antes desconhecidas, algo relevante para a investigação do objeto. Portanto, mais pesquisas em arquivos foram feitas, no Brasil e nos Estados Unidos. Mais documentos locais e internacionais foram encontrados. Podemos apresentar o acervo documental composto com as pesquisas históricas a partir dos seguintes quadros:[8]

Brasil			
Fundo	**Documentação**	**Arquivo**	**Localização**
Donald Pierson	Relatórios acadêmicos e financeiros, pedidos de financiamento e cartas.	Arquivo Edgar Leuenroth	Unicamp (Campinas, SP)
Fernando de Azevedo	Textos acadêmicos, artigos de jornal e cartas.	Instituto de Estudos Brasileiros	USP (São Paulo, SP)
Florestan Fernandes	Artigos de jornal, relatórios de pesquisa, relatórios institucionais (USP) e cartas.	Fundo Florestan Fernandes	UFSCar (São Carlos, SP)

(continua)

[8] Os quadros se referem apenas aos arquivos privados de intelectuais. Estão ausentes outros tipos de fonte, como artigos de jornal e revista, anuários, boletins acadêmicos e outros documentos institucionais.

Estados Unidos			
Fundo	**Documentação**	**Arquivo**	**Localização**
Ashley Montagu	Textos acadêmicos (monografias), relatórios, declarações e resoluções da Unesco.	Manuscript Collection	American Philosophical Society (Filadélfia, PA)
Charles Wagley	Textos acadêmicos e cartas	Special & Area Studies Collections	University of Florida (Gainsville, FL)
E. Franklin Frazier	Textos acadêmicos (artigos e monografias), artigos de jornal e relatórios para a Unesco.	The Moorland-Spingarn Research Center	Howard University (Washington, DC)
Emilio Willems	Artigos científicos	Special Collection and University Archives	Vanderbilt University (Nashville, TN)
Margaret Mead	Relatórios, declarações e resoluções da Unesco e cartas.	Manuscript Division	Library of Congress (Washington, DC)
Marvin Harris	Artigos científicos, projetos de pesquisa, textos acadêmicos e cartas.	National Anthropological Archives	Smithsonian Institution (Washington, DC)
Robert K. Merton	Artigos científicos, projetos de pesquisa, textos acadêmicos e cartas.	Rare Book & Manuscript Library	Columbia University (Nova York, NY)
Talcott Parsons	Textos acadêmicos, relatórios da American Sociological Association (ASA) e cartas.	Harvard University Archives	Harvard University (Cambridge, MA)

Essa documentação tem revelado interessantes entrecruzamentos entre a trajetória de Florestan e a de alguns sociólogos norte-americanos. Ao fazermos a leitura comparada entre os documentos locais e os internacionais, percebemos a enorme influência da Escola de Chicago sobre a formação intelectual do sociólogo paulista. E a partir desse primeiro rastro demos continuidade à análise dos documentos, pondo em questão a origem de suas teses sobre o problema negro no Brasil do pós-guerra. No estudo da recepção e circulação das ideias, interessa-nos confrontar as teses apresentadas na obra de Florestan com as ideias e os conceitos dos intelectuais mais influentes na constituição da rede intelectual. Falamos aqui dos estudos de Gunnar Myrdal e dos intelectuais da Escola de Chicago, além de outros intelectuais que compunham a cúpula dirigente da Unesco nos anos 1950.

Para sintetizar o processo de pesquisa documental, podemos dizer que duas frentes de trabalho foram estabelecidas. Ao longo da primeira, foi feito o levantamento da produção intelectual de Florestan a respeito da situação do negro. Arrolamos artigos, entrevistas e livros escritos dos anos 1940 aos anos 1950. Também coletamos as fontes históricas apresentadas anteriormente. Temos em torno de 400 cartas enviadas a Florestan, e temos também algumas das que foram enviadas por ele para os intelectuais nacionais e estrangeiros ligados à sua rede intelectual.

Na segunda frente de trabalho, iniciamos a análise a partir dos artigos do sociólogo com o objetivo de investigarmos as influências intelectuais exercidas sobre sua formação e as teses constituídas durante a realização do Projeto Unesco de relações raciais. As demais fontes foram incorporadas à análise na medida em que conhecíamos mais a respeito da constituição da agenda antirracista, e o papel, nesse processo, da rede intelectual entre brasileiros e norte-americanos. Esperamos chegar à análise a mais refinada possível sobre as conexões de Florestan com o movimento dos direitos humanos e a agenda norte-americana de antirracismo.

No que se refere à historiografia contemporânea, pouca atenção tem sido dada no exterior ao estudo da obra de Florestan, apesar de sua repercussão não ter sido regional ou nacional, mas internacional. Para isto contribuiu o recebimento do Anisfield-Wolf Book Award in Race

Relations, em 1969, por *The Negro in Brazilian society*. Na verdade, há apenas informações fragmentadas em teses, dissertações e periódicos sobre o sociólogo. O fato é que nenhum estudo aprofundado ainda foi feito no exterior, onde está disponível grande parte da documentação necessária à presente pesquisa.[9]

Referências

ARENDT, Hannah. *Origens do totalitarismo*. São Paulo: Companhia das Letras, 1998.

ARRUDA, Maria Arminda do Nascimento. A sociologia de Florestan Fernandes. In: ____. *Metrópole e cultura*: São Paulo no meio do século XX. Bauru: Edusc, 2001.

____. A sociologia no Brasil: Florestan Fernandes e a "escola paulista". In: MICELI, Sergio (Org.). *História das ciências sociais no Brasil*. São Paulo: Sumaré, 1995a. v. 2.

____. Formação e perfil de um sociólogo: a trajetória acadêmica de Florestan Fernandes. In: ADORNO, Sérgio (Org.). *A sociologia entre a modernidade e a contemporaneidade*. Porto Alegre: Ed. UFRGS, 1995b.

____ (Org.). *Florestan Fernandes*: leituras & legados. São Paulo: Global, 2010.

____; GARCIA, Sylvia Gemignani. *Florestan Fernandes*: mestre da sociologia moderna. Brasília: Paralelo 15, 2003.

BASTIDE, Roger. *Brasil*: terra de contrastes. São Paulo: Difusão, 1959.

____. *Les réligions africaines au Brésil*: vers une sociologie des interpenetrations de civilisations. Paris: Presses Universitaires de France, 1960.

____. The development of race relations in Brazil. In: HUNTER, Guy (Ed.). *Industrialisation and race relations*: a symposium. Londres: Oxford University Press, 1965.

____; FERNANDES, Florestan. *Relações raciais entre negros e brancos em São Paulo*. São Paulo: Unesco; Anhembi, 1955.

CANCELLI, Elizabeth. *Direitos humanos e políticas públicas*. 2010. Mimeografado.

____. *O Brasil e os outros*: o poder das ideias. Porto Alegre: PUCRS, 2012.

____. *Testemunho e obliteração*: da tragédia ao melodrama. 2011. Mimeografado.

[9] As buscas feitas no ProQuest, portal hospedeiro de teses e dissertações produzidas nos Estados Unidos, retornaram poucos resultados satisfatórios: de fato, não há um estudo sequer abordando a obra de Florestan a partir dos anos 1940, nem suas relações com os intelectuais norte-americanos no pós-guerra.

CARDOSO, Fernando Henrique. Uma pesquisa impactante. In: BASTIDE, Roger; FERNANDES, Florestan. *Brancos e negros em São Paulo*. 3. ed. São Paulo: Global, 2008.

____; IANNI, Octavio. *Cor e mobilidade social em Florianópolis*. São Paulo: Nacional, 1958.

CANDIDO, Antonio. *Lembrando Florestan Fernandes*. São Paulo: Edição do Autor, 1996.

CAVALCANTI, Maria L. V. C.; VILHENA, Luís R. P. Traçando fronteiras: Florestan Fernandes e a marginalização do folclore. *Estudos Históricos*, Rio de Janeiro, v. 3, n. 5, p. 75-92, 1990. Disponível em: <http://bibliotecadigital.fgv.br>. Acesso em: 20 ago. 2013.

CHAVES, Wanderson da Silva. *O Brasil e a recriação da questão racial no pós-guerra*: um percurso através da história da Fundação Ford. Tese (doutorado em história social) — Faculdade de Filosofia, Letras e Ciências Humanas, Universidade de São Paulo, São Paulo, 2012.

DURKHEIM, Émile. *As regras do método sociológico*. 9. ed. São Paulo: Nacional, 1978.

FAULHABER, Priscila. O Instituto de Antropologia Social (EUA, Brasil e México): um artefato da resposta antropológica ao "esforço de guerra". *Mana*, Rio de Janeiro, v. 17, n. 1, p. 1-16, 2011. Disponível em: <www.scielo.com.br>. Acesso em: 2 set. 2013.

FERNANDES, Florestan. *A condição de sociólogo*. São Paulo: Hucitec, 1978.

____. *A função social da guerra na sociedade Tupinambá*. São Paulo: SCP, 1952.

____. *A integração do negro na sociedade de classes*. São Paulo: Dominus, 1965.

____. A situação racial brasileira. *Jornal de S. Paulo*, 2 set. 1945.

____. *A sociologia no Brasil*: contribuição para o estudo de sua formação e desenvolvimento. Petrópolis: Vozes, 1977.

____. *A sociologia numa era de revolução social*. São Paulo: Nacional, 1963.

____. Beyond poverty: the Negro and the Mullato in Brazilian society. In: TOPLIN, Robert (Ed.). *Slavery and race relations in Latin America*. Westport: Greenwood, 1974a.

____. *Elementos de sociologia teórica*. São Paulo: Nacional, 1970.

____. *Ensaios de sociologia geral e aplicada*. São Paulo: Pioneira, 1959.

____. *Mudanças sociais no Brasil*. São Paulo: Difusão, 1960.

____. O negro na tradição oral: a superioridade biológica e a posição do negro — consequências. *O Estado de S. Paulo*, 27 jul. 1943a. p. 4.

____. O negro na tradição oral: reação do elemento negro aos folclores ibérico e ameríndio. *O Estado de S. Paulo*, 1º jul. 1943b. p. 4.

____. O negro na tradição oral: representações coletivas do negro — o ciclo da formação das raças. *O Estado de S. Paulo*, 15 jul. 1943c. p. 4.

____. *O negro no mundo dos brancos*. São Paulo: Difel, 1972.

____. O negro nos Estados Unidos. *Anhembi*, São Paulo, v. 32, n. 94, p. 105-107, 1958.

____. *Organização social dos Tupinambá*. São Paulo: Progresso, 1948.

FOUCAULT, Michel. *A ordem do discurso*. São Paulo: Loyola, 2010.

GARCIA, Sylvia Gemignani. *Destino ímpar*: sobre a formação de Florestan Fernandes. São Paulo: Editora 34, 2002.

GUIMARÃES, Antonio Sérgio Alfredo. Preconceito de cor e racismo no Brasil. *Revista de Antropologia*, São Paulo, v. 47, n. 1, p. 9-43, 2004.

HARRIS, Marvin. *Patterns of race in the Americas*. Nova York: Walker, 1964.

HAZARD JR., Anthony Q. *Postwar anti-racism*: the United States, Unesco and "race", 1945-1968. Nova York: Palgrave Macmillan, 2012.

HIGHAM, John (Ed.). *Civil rights & social wrongs*: Black-White relations since World War II. Filadélfia: The Pennsylvania State University Press, 1997.

HUNT, Lynn. *Inventing human rights*. Nova York: W. W. Norton, 2007.

MAIO, Marcos Chor. *A história do projeto Unesco*: estudos raciais e ciências sociais no Brasil. Tese (doutorado em ciência política) — Instituto Universitário de Pesquisas do Rio de Janeiro, Universidade Cândido Mendes, Rio de Janeiro, 1997.

MARIOSA, Duarcides Ferreira. *Florestan Fernandes e a sociologia como crítica dos processos sociais*. Tese (doutorado em sociologia) — Instituto de Filosofia e Ciências Humanas, Unicamp, Campinas, 2007.

MASSI, Fernanda. Franceses e norte-americanos nas ciências sociais brasileiras. In: MICELI, Sergio (Org.). *História das ciências sociais no Brasil*. São Paulo: Vértice; Idesp, 1989. v. 1.

MÉTRAUX, Alfred. A report on race relations in Brazil. *Unesco Courier*, Nova York, v. 5, n. 8-9, p. 6-15, ago./set. 1952. Disponível em: <www.unesco.org/new/en/unesco-courier>. Acesso em: 10 out. 2011.

MICELI, Sergio. A Fundação Ford e os cientistas sociais no Brasil, 1962-1992. In: ____ (Org.). *História das ciências sociais no Brasil*. São Paulo: Vértice; Idesp, 1989, v. 1.

MORSE, Richard M. The Negro in São Paulo, Brazil. *The Journal of Negro History*, Washington, v. 38, n. 3, p. 290-306, jul. 1953. Disponível em: <www.jstor.com>. Acesso em: 21 set. 2010.

MYRDAL, Gunnar. *An American dilemma*: the Negro problem and modern democracy. Nova York: Harper, 1944.

PEIRANO, Marisa. *The anthropology of anthropology*: the Brazilian case. Tese (doutorado em antropologia) — Harvard University, Cambridge, 1981.

PIERSON, Donald. *Brancos e pretos na Bahia*: estudo de contato racial. São Paulo: Nacional, 1945.

RUBINO, Silvana. Clube de pesquisadores: a Sociedade de Etnologia e Folclore e a Sociedade de Sociologia. In: MICELI, Sergio (Org.). *História das ciências sociais no Brasil*. São Paulo: Vértice, 1995. v. 2.

SOUTHERN, David W. *Gunnar Myrdal and Black-White relations*: the use and abuse of *An American dilemma*, 1944-1969. Baton Rouge: Louisiana State University Press, 1987.

WAGLEY, Charles (Ed.). *Race and class in rural Brazil*. Paris: Unesco, 1952.

____. On the concept of social race in the Americas. In: DOMÍNGUEZ, Jorge (Ed.). *Race and ethinicity in Latin America*. Nova York: Garland, 1994.

WILLEMS, Emílio. *Assimilação e populações marginais no Brasil*. São Paulo: Nacional, 1940.

____. Racial attitudes in Brazil. *American Journal of Sociology*, Chicago, v. 54, n. 4, p. 402-408, mar. 1949. Disponível em: <www.jstor.com>. Acesso em: 25 jan. 2014.

CAPÍTULO 8

O "popular" na pauta da Academia Brasileira de Música

Luã Ferreira Leal

ESTA PESQUISA aborda a inserção da música popular como objeto de reflexões na Academia Brasileira de Música (ABM) e na obra de um de seus acadêmicos, o diplomata, musicólogo e historiador Vasco Mariz. Dois pontos de partida, portanto, serão fundamentais para tecer a narrativa da pesquisa: a criação da ABM, formada por compositores e pesquisadores de música em 1945, mas consolidada institucionalmente somente na década de 1950, e o início da carreira de Vasco Mariz como pesquisador da música brasileira no final da década de 1940. A biografia *Heitor Villa-Lobos, compositor brasileiro* e o *Dicionário biobibliográfico musical*, ambos de 1949, foram seus primeiros livros publicados no Brasil. A vasta obra desse autor forneceu, durante quase sete décadas, dados para preservação da história e da memória da música brasileira. Legatário de uma tradição dos estudos sobre música, Mariz explicita em seus livros os diálogos com predecessores e suscita questões centrais a respeito da formação do cânone da música brasileira. A proposta de pesquisa baseia-se na hipótese de que a criação de um panteão da música popular e erudita foi resultado das atividades intelectuais de pesquisadores da história da música brasileira entre o final da década de 1940 e o início da década de 1960. A análise dos documentos da ABM, por um lado, e a adoção dos livros de Vasco Mariz como fontes, por outro, permitirão compreender a constituição do panteão nos estudos realizados por autores que buscavam as "origens" e os elementos "populares" da musicalidade nacional. Desse modo, pretendo tratar da circulação de ideias e das modalidades de escrita da história da música brasileira a partir de dois procedimentos metodológicos: a) consulta ao material dos acervos da ABM e aos textos produzidos por acadêmicos; b) análise textual das obras de Vasco Mariz.

Para os propósitos desta pesquisa a respeito do modo como o "popular" se transformou em categoria legítima dos debates da Academia Brasileira de Música (ABM), serão destacados os textos de um conjunto de autores fundamentais para a compreensão desse processo de estabelecimento de parâmetros classificatórios atrelados à "autenticidade" da cultura nacional. Abordagens sobre instituições de legitimação e de consagração de artistas ou de intelectuais abrangem, em sua maioria, dois aspectos: por um lado, os mecanismos de classificação e de avaliação e, por outro, as interações entre membros da instituição analisada. O mapeamento dos usos da categoria "música popular", no entanto, precisa ser efetuado a partir de referenciais teóricos e metodológicos que articulem itinerário dos intelectuais e trajetória institucional.

"Instituição", em uma acepção, significa o estabelecimento do universo dos possíveis e da acumulação que gera condições de produção e de reprodução daquilo que foi inscrito na história (Bourdieu, 2010:100). De outro ângulo, trata-se do "arranjo prático puramente instrumental" que sustenta crenças mantidas em comum e em referência à preservação do passado mediante o enquadramento da memória (Douglas, 2007:56). A instituição, portanto, é responsável pelo processo que resulta no fortalecimento dos laços que unem um grupo social estruturado por crença legítima. Ligando a análise dos documentos e textos produzidos pelos acadêmicos da ABM às obras que atribuem ao itinerário[1] de Vasco Mariz o papel de continuador de "tradições" da escrita da história da música popular, avalio a potencialidade da abordagem simultânea

[1] É necessário apontar a atribuição de sentido ao emaranhado de acontecimentos de uma existência individual, eivando de coerência o relato ou a construção da narrativa de vida, transformada em trajeto ou percurso linear das ações do indivíduo (Bourdieu, 1986). A imbricação da história de um determinado grupo social e da biografia de um indivíduo permite constituir vias para compreender a "amplitude da concepção histórica". As transformações sociais interferem nos mecanismos de reprodução da sociedade e de procedimentos classificatórios, por isso o projeto aborda a relação entre biografias e contextos históricos. Para esse esforço interpretativo, "qualquer sociedade deve ser compreendida em termos do período específico", pois não é entidade a-histórica; qualquer periodização, aliás, sempre implica a criação de um "campo de estudo inteligível" sobre um processo histórico específico (Mills, 1969:163-165).

do conjunto de reflexões desse autor e das atividades da Casa de Villa-Lobos.

A Academia Brasileira de Música foi fundada no Rio de Janeiro em 14 de julho de 1945 durante o Estado Novo, pouco antes da deposição de Getúlio Vargas no dia 29 de outubro. O perfil doutrinário estado-novista, embora não tivesse caráter inconsútil, expressou um tipo de interpretação sobre as relações entre indivíduo, sociedade e Estado que conjugava "modernidade" e "tradição" para construir imagens do Brasil com apoio de intelectuais (Oliveira, Velloso e Gomes, 1982:9-11). Os ideólogos do Estado Novo buscavam interpretar as formas de organização social a partir dos indícios da unidade formada pela diversidade de expressões culturais definidas como tipicamente brasileiras. Fundador da Academia e primeiro presidente, Heitor Villa-Lobos (1887-1959) foi reconhecido como presidente perpétuo honorário em 1959, e em 1967, com a reforma dos Estatutos e do Regimento, tornou-se o grande benemérito da instituição legatária de seu testamento.[2] Instituição cultural com grande participação de compositores imbuídos dos princípios do nacionalismo musical, a ABM, nascida nos estertores do Estado Novo, se consolidou como espaço de convergência de intelectuais ligados ao "nacionalismo musical".[3]

[2] Heitor Villa-Lobos (1945 a 1959), José Cândido de Andrade Muricy (1960 a 1968), Francisco Paulo Mignone (1968 a 1985), Marlos Nobre de Almeida (1985 a 1991), Vasco Mariz (1991 a 1993), Ricardo Tacuchian (1993 a 1997), Edino Krieger (1997 a 2001/2002 a 2006) e José Maria Neves (2001 a 2002) assumiram a presidência da Academia. Turíbio Santos e André Cardoso, recentemente, também ocuparam o cargo. A lista de patronos aglutina "protagonistas" dos mitos de origem da música brasileira e "vultos históricos" da formação da nacionalidade. Ordenada de acordo com a data de nascimento dos homenageados, a lista dos patronos conta com José de Anchieta (cadeira n. 1), Domingos Caldas Barbosa (cadeira n. 3), José Maurício Nunes Garcia (cadeira n. 5), Pedro I (cadeira n. 8), Carlos Gomes (cadeira n. 15), Ernesto Nazareth (cadeira n. 28), Mário de Andrade (cadeira n. 40), entre outros compositores e intérpretes.

[3] O site oficial da instituição apresenta o texto de Ricardo Tacuchian (compositor e regente, professor universitário, presidente da ABM entre 1993 e 1997), intitulado "Um espaço espiritual do músico brasileiro na Casa de Villa-Lobos", acerca da relevância do projeto original da "instituição honorífica que reuniria 40 personalidades dentre as mais notáveis do meio musical brasileiro". Sobre esse "espaço espiritual" de proteção dos músicos e da música no Brasil, Tacuchian afirma que a seleção de "compositores, intérpretes, musicólogos e educadores" para ocupar cadeiras segue "os critérios da ética profissional, do mérito cultural e de uma folha de serviços em prol da música no Brasil e que tenham alcançado uma projeção nacional ou internacional". Disponível em: <www.abm.org.br>. Acesso em: 11 nov. 2014.

A agenda de temas de uma instituição, de um autor ou de uma disciplina acadêmica sofre alterações relacionadas com o contexto, mas não pode ser reduzida a mero reflexo dos debates políticos e sociais de determinado período histórico.[4] Como os acadêmicos da Casa de Villa-Lobos, responsáveis pela consagração por deterem competência legitimada[5] por instituições de pesquisa — caso de Renato Almeida, presidente da Comissão Nacional de Folclore — e de ensino — caso de Cleofe Person de Matos, regente e professora da Associação de Canto Coral —, avaliaram quais obras poderiam ser classificadas como dignas do panteão da música brasileira? Como separaram o vulgar do raro, o profano do sagrado, o comercial do "puramente" artístico?

Ocupante da cadeira n. 40, do fundador Renato Almeida e do patrono Mário de Andrade, o diplomata Vasco Mariz ingressou em 1981 na ABM e, embora não tenha assumido o cargo, foi eleito para ocupar a presidência entre 1991 e 1993. Nos primeiros passos de sua empreitada como pesquisador da música brasileira, foram publicados *Dicionário biobibliográfico musical* (Editora Kosmos, 1949), com prefácio de Renato Almeida, *Heitor Villa-Lobos, compositor brasileiro* (editado pelo Ministério das Relações Exteriores em 1949, a primeira biografia sobre o compositor), com prefácio de Luiz Heitor Corrêa de Azevedo, e *A canção brasileira* (editado pelo Ministério da Educação e Cultura, 1959). Sua carreira diplomática começou em 1945, com serviços

[4] Para a realização da pesquisa, será necessário recuperar um longo debate a respeito das relações entre texto e contexto para refutar, partindo das formulações de Jameson (1992), a noção de "reflexo" e a associação imediata das obras e das formulações institucionais com seu período histórico de criação.

[5] Algumas comparações são possíveis entre a Academia Brasileira de Letras (ABL) e a Academia Brasileira de Música (ABM) no que concerne à "configuração de uma memória comum, capaz de unir a nação em torno de um mesmo culto" (El Far, 2000:119) e à teatralização da imortalidade e à aquisição de patrimônio (bibliotecas, galerias de retrato, bustos). Para os imortais da ABL, os discursos são necessários para reafirmar "a linhagem dos membros da Academia, estabelecendo-se uma ligação entre o passado e o presente" (Ibid., p. 127). Além de defensora da língua portuguesa, preservadora da tradição literária e "consagradora da intelectualidade nacional", a ABL surgiu como espaço entre literatura e política para que os intelectuais literatos pudessem alterar, devido ao acúmulo de reconhecimento oficial, seu papel na sociedade brasileira durante a virada do século XIX para o XX (Rodrigues, 2003). Embora apresentem finalidades semelhantes, as duas instituições diferem em relação à estrutura, ao financiamento e à ritualização da "imortalidade", pois na ABM não há destaque para o uso do fardão, tampouco para a realização do discurso de posse.

prestados em Portugal, Iugoslávia, Argentina, Itália, Estados Unidos, Equador, Israel, Peru e Alemanha. Vasco Mariz ocupou cargos estratégicos para sua consagração como especialista em história da música: secretário da VII Conferência Internacional de Folclore e secretário-geral da Comissão Nacional de Música da Unesco (1954), chefe da Seção de Publicações do Itamaraty e secretário da Comissão de Textos da História do Brasil (1955), chefe da Delegação do Brasil no Festival de Cannes e chefe do Departamento Cultural e de Informações do Itamaraty (1965), membro da ABM (1981), sócio honorário do Instituto Histórico e Geográfico Brasileiro (1982), membro do Conselho Federal de Cultura e coordenador da Funarte (1986) e membro da Academia Brasileira de Arte (1989) (Mariz, 2013).

Jogos de classificação

A pesquisa será norteada por uma tríade de questões: como a música popular foi considerada tema legítimo em uma das principais instâncias de consagração de compositores? Em que medida a ABM definiu os parâmetros dos debates sobre música popular? Qual o tratamento dispensado por Vasco Mariz para a abordagem do tema? O momento de consagração de compositores pelos registros da ABM foi coetâneo à transformação da música em tema central para debater as transformações sociais e ao aumento do espaço para divulgação de pesquisas realizadas por historiadores não acadêmicos. Conforme aponta Wisnik, "o intelectual organizador-da-cultura no Brasil" sempre tendeu a "reduzir o popular ao mito da origem (e da pureza das raízes, romanticamente) e/ou ao mito dos fins (plenitude da consciência realizada, mito ilustrado)" (Squeff e Wisnik, 1987:149) e a desorientar-se com as formas contemporâneas de sociabilidade, preferindo refúgio no povo "bom" do folclore (Squeff e Wisnik, 1987:172).

Os primeiros estudos sobre a relação entre música erudita e música popular podem ser mapeados a partir dos diálogos intelectuais dos sucessores de Mário de Andrade com sua forma de interpretação da cultura brasileira como o livro *Música popular brasileira* [1950] de Oneyda Alvarenga. As obras *Introdução à estética musical* [1925], *Ensaio sobre mú-*

sica brasileira [1928] e *Compêndio de história da música* [1929] de Mário de Andrade, em tom marcado pela sucessão de etapas históricas, apontam para a necessária aproximação da música erudita com o elemento popular em nome das "necessidades líricas do povo". Há uma série de rupturas e continuidades na atividade artística sob a égide da estética nacionalista, norteada pelo princípio de que a música seria expressão da alma do povo, daí a associação entre nacional e popular; a imitação de modelos estrangeiros geraria formas inautênticas e para romper essa submissão seria necessário entrar em contato com as verdadeiras expressões do Brasil (Travassos, 2000).

O método folclorista foi adotado por músicos de inspiração modernista, em franco diálogo com as propostas de Camargo Guarnieri e de Mário de Andrade, o que resultou nas atividades de coleta de material para inspiração de compositores eruditos "interessados" na universalização da música nacional e para estilização de peculiaridades nacionais como contraposição à música europeia (Contier, 2004).[6] Esses procedimentos expressam o modo ambíguo de escuta da música vinculada ao mercado — divulgada em disco e rádio —, a qual invadiu o cotidiano das populações das grandes cidades, espaço privilegiado pelos intelectuais modernistas em São Paulo (Travassos, 2000:10). Algumas lacunas sobre a música popular urbana, em especial a que circulava no Rio de Janeiro — capital da República até 1960 —, foram preenchidas pelos registros memorialísticos de cronistas da vida urbana e jornalistas como João Ferreira Gomes, o Jota Efegê [*O cabrocha: meu companheiro de farras*, de 1931], Francisco Guimarães, o Vagalume [*Na roda do samba*, de 1933], Orestes Barbosa [*O samba*, de 1933] e Alexandre Gonçalves Pinto, o Animal [*O choro*, de 1936].[7]

[6] A visada para o exterior foi questão dominante na busca por modelos científicos, padrões artísticos e arcabouços jurídicos, ou seja, "nossa modernidade só poderia ser alcançada a partir da tradução da nossa matéria-prima em expressão que pudesse encontrar reconhecimento no exterior" (Squeff e Wisnik, 1987:55).

[7] Nos livros de música popular até a década de 1940 a temática predominante era o registro acerca de "gêneros musicais", os autores lidavam com narrativas sobre a formação do "choro" ou do "samba" e das atividades musicais de compositores e instrumentistas. A partir de então, cresce o número de biografias dedicadas a ícones da música, "vultos históricos" e de pesquisas de longa duração sobre os processos formativos da música brasileira.

Enquanto as décadas de 1920 e 1930 contam com diversas análises a respeito da intercessão entre o campo artístico e o intelectual no Brasil, a década de 1950 permanece obscurecida no debate de ideias sobre música. Além do lançamento da *Revista da Música Popular*,[8] Oneyda Alvarenga, Mozart Camargo Guarnieri, Cleofe Person de Mattos e outros autores lançaram nessa década suas principais contribuições aos estudos da música popular. A análise das obras desses autores servirá como linha auxiliar no desenvolvimento da pesquisa para assim compreender quais os respectivos universos de citações e em que medida há similitudes com as referências de Vasco Mariz.

O embate intelectual pela definição das categorias música popular, música erudita e música folclórica, portanto, antecedeu àquela busca pelas "origens" e pelo "resgate" do passado da música popular brasileira propagada entre as décadas de 1960 e 1970 por profissionais da imprensa como José Ramos Tinhorão, Sérgio Cabral e Ary Vasconcelos.[9] A lente da pesquisa está direcionada, portanto, aos procedimentos

[8] A *Revista da Música Popular*, editada no Rio de Janeiro sob coordenação de Lúcio Rangel, marcou um período de legitimação das reflexões sobre música popular urbana. Essa publicação reuniu diferentes gerações de pesquisadores do tema entre 1954 e 1955, se tornou espaço para debate entre intelectuais como Manuel Bandeira, Rubem Braga, Paulo Mendes Campos, Brasílio Itiberê e Vinicius de Morais, além de divulgação dos textos de historiadores não acadêmicos como Jota Efegê, Henrique Foreis (Almirante), Edigar de Alencar e Mariza Lira. De acordo com Napolitano e Wasserman (2000), o objetivo assumido por Lúcio Rangel e Pérsio de Moraes, idealizadores desse periódico, era sistematizar e aplicar métodos e noções do pensamento folclorista à música popular urbana com o intuito de resgatar gêneros e estilos absorvidos pelo mercado fonográfico.

[9] Embora a dicotomia entre "nacional" e "estrangeiro" já definisse os termos dos embates que permeavam a ambiência intelectual dos acadêmicos da ABM na década de 1950 e no início da década seguinte, ainda não aparecia de modo predominante a preocupação com as grandes gravadoras e com meios de comunicação amparados nos modelos internacionais de produção cultural. O conjunto de autores tratados neste trabalho não é formado por profissionais da imprensa como os membros de legiões de críticos de música e de rádio anteriormente listados, cujo reconhecimento de suas "descobertas" era germinado nos suplementos culturais nos jornais de grande circulação como *Jornal do Brasil*. Durante a pesquisa para a dissertação de mestrado *Compassos e descompassos: a música popular e o tempo da tradição* observei a recorrência de citações dos livros de Vasco Mariz, Oneyda Alvarenga e Mozart de Araújo nos textos desses autores, sobretudo nos de Tinhorão e de Ary Vasconcelos. Oneyda Alvarenga (1911-84) foi diretora da Discoteca Pública Municipal de São Paulo fundada em 1935 e da Discoteca da Academia Brasileira de Música a partir de 1966, publicou *Música popular brasileira* em 1950. José Mozart de Araújo (1904-88) foi também fundador da ABM e participou na direção da Orquestra Sinfônica Brasileira, no Clube

classificatórios sobre música brasileira a partir da análise de uma instância de consagração — a Academia Brasileira de Música — e da obra de um membro dessa instituição — o diplomata e musicólogo Vasco Mariz. Como premissa principal, considero que instituições definem categorias a partir da atuação de seus membros e de suas relações com pares em diferentes ambientes intelectuais, formulando e divulgando ideias em cooperação ou em competição. O caso dos acadêmicos da ABM, cuja relevância como instância de consagração sofreu variações no decorrer da trajetória institucional, permite avaliar, por um lado, a maneira como diretrizes teóricas podem ser difundidas por autores e, por outro, associar Vasco Mariz à figura de divulgador de uma determinada "tradição" intelectual. Legatário de autores que constituem o panteão de referências sobre música brasileira, esse pesquisador tornou-se, desde o lançamento de seus primeiros livros no final da década de 1940, proeminente sucessor de formas de interpretação da história da música brasileira. A análise da inserção do "popular" na pauta da Academia Brasileira de Música terá como reverso a análise das redes de citações, as apropriações teóricas, as referências bibliográficas e os embates conceituais de Vasco Mariz com a constelação de autores que, a partir da década de 1950, passaram a contribuir com pesquisas sobre música adjetivada para abranger diferentes sentidos: música popular, erudita e folclórica.

A longevidade da produção intelectual de Vasco Mariz o destaca entre outros autores cujas obras poderiam ser analisadas como fontes interpretativas das interseções da música popular com a erudita.[10] O pesquisador, figura relevante por ocupar posições estratégicas em

---

do Choro — instituição por ele presidida em 1975 —, no Museu da Imagem e do Som do Rio de Janeiro e no Conselho Federal de Cultura.

[10] As várias edições de seus textos os dotaram de um sabor de "clássico por amadurecimento". Uma das formas de analisar as "metamorfoses" de um texto é cotejar o texto original com as sucessivas versões para assim analisar as releituras pelas gerações de interpretações. Ao tratar de *Raízes do Brasil* de Sérgio Buarque de Hollanda, Feldman (2013) traça os benefícios da abordagem diacrônica para evitar imprecisões nas interpretações sobre o autor ou dele próprio a respeito de sua obra. Com comentários sobre a literatura de viagens como fonte para pesquisa etnográfica, Oliveira Filho (1987) afirma que os dados incluídos nas descrições e nos relatos não podem ser tomados como mero registro de impressões, pois devem ser vinculados aos esquemas intelectuais e às regras de construção dos objetos sob interferência de normas, pressões e incentivos que incidem nas finalidades práticas do texto.

instituições culturais, dialoga com diferentes gerações, une interpretações díspares sobre a musicalidade nacional e contribui para conferir a alguns autores a condição de "clássicos". Em interface com a escassa produção sobre música nas décadas de 1950 e com a sistematização de material efetuada por folcloristas, as obras de acadêmicos da ABM, que ainda servem como referência bibliográfica para os atuais ocupantes das cadeiras da instituição, também se tornaram livros clássicos.[11] Nesse sentido, clássico envolve o "*status* privilegiado" atribuído às obras do passado que estabeleceram critérios básicos para os interlocutores em um campo de especialidade (Alexander, 1999:24).

Metodologia e análise das fontes

O estudo das classificações sobre a música popular pode contar com levantamento bibliográfico combinado à consulta ao acervo da ABM para trazer novas possibilidades de abordagem das instâncias de legitimação do panteão de "vultos históricos". Esse procedimento ganha envergadura quando articulado à análise dos itinerários de membros da ABM, responsáveis pela perenidade da memória[12] formatada pelos parâmetros hegemônicos dentro de uma instituição.

[11] Ao tratar da produção de ideias, as condições sociais de circulação de suas proposições devem ser constantemente abordadas como nas seguintes questões: quais editoras publicavam as reflexões de Mozart de Araújo, Camargo Guarnieri e Vasco Mariz? Como eles conseguiram divulgar suas concepções sobre as origens da música brasileira em circuitos de ampla difusão? As formas de análise do material podem ser sintetizadas em três eixos temáticos: mapear as "linhagens" para a compreensão de bases sociais de circulação de ideias a respeito da música identificada como autêntica e nacional; comparar as concepções sobre as "origens" da música no Brasil e a ressonância dessas interpretações em instituições de preservação da memória musical; efetuar uma cartografia institucional da Academia Brasileira de Música rastreando dados sobre os usos das categorias música "popular", "folclórica" e "erudita".

[12] Elemento para a coesão de grupos e instituições, a memória é operação coletiva sobre o passado, sequência de fatos compelidos para conservar a narrativa histórica. Segundo a análise de Halbwachs (1990) sobre mecanismos de perpetuação do passado, a memória e a história, a qual é semelhante a um cemitério onde é necessário constantemente encontrar espaço para novas sepulturas, servem como pilares das narrativas sobre identidade. Como fenômeno construído, a memória coletiva pode ser analisada a partir dos processos e dos sujeitos envolvidos em sua constituição e sua formalização, ou seja, os modos de enquadramento e de reinterpretação pelos "combatentes" no presente (Pollak, 1989).

A análise textual será o principal recurso metodológico para tratar as fontes. Nos elementos pré-textuais será possível encontrar dados para responder perguntas sobre quem e quando publicou, quais as obras citadas, quais editoras lançavam as obras e quais livros contaram com incentivo oficial da ABM para publicação. Como uma "bola de neve", o levantamento bibliográfico permitirá que notas, citações e até mesmo referências incompletas sejam adotadas como indícios para o rastreamento das relações (de oposição, de exultação ou de complementaridade) entre autores. Para cumprir essa etapa da pesquisa, seguirei como bússola o levantamento de paratextos editoriais: títulos, capas, anexos, dedicatórias, epígrafes, prefácios e notas. Esses elementos determinam lugares, as zonas indecisas entre interioridade e exterioridade, o texto e suas leituras, ou seja, os paratextos ordenam — ou pretendem orientar — a leitura de maneira "pertinente aos olhos do autor e seus aliados" (Genette, 2009: 12).

Desse modo, buscarei compreender a forma pela qual Vasco Mariz se aproxima ou se distancia de autores contemporâneos à sua produção ou como retoma debates propostos por outras gerações de intelectuais. A geração de autores mais jovens atua como responsável pela divulgação, pela difusão e pela popularização das ideias de seus antecessores (Hughes, 1972:248). Por isso, um conjunto de obras de Vasco Mariz[13] será analisado para o cotejo com as reflexões de outros autores.[14] Pre-

[13] As obras de Vasco Mariz que serão analisadas: *Dicionário biobibliográfico musical* [1949, Editora Kosmos], cuja segunda edição foi lançada em 1985 e a terceira em 1991; *Heitor Villa-Lobos, compositor brasileiro* [1949, Ministério das Relações Exteriores], com duas edições nos Estados Unidos, uma na França, quinta edição lançada pelo Museu Villa-Lobos em 1977 e a 12ª edição lançada em 2005 pela Francisco Alves Editora em parceria com a Academia Brasileira de Música; *A canção brasileira* [1959, Ministério da Educação e Cultura], cuja edição brasileira foi precedida pela portuguesa de 1948, cujo título era *A canção de câmara no Brasil*, a terceira edição foi lançada em 1977 pelo Instituto Nacional do Livro com o subtítulo "erudita, folclórica, popular"; *Vida musical* [1970, Ministério da Educação e Cultura], livro em quatro séries, cujos anos de publicação foram 1950 (em Portugal), 1970, 1996 e 2011; *Figuras da música brasileira contemporânea* [1970, Universidade de Brasília], a edição brasileira (ampliada) foi precedida pela portuguesa de 1948; *História da música no Brasil* [1981, Editora Civilização Brasileira], cuja segunda edição foi lançada em 1983.

[14] Serão analisadas as obras dos seguintes autores: Mozart de Araújo, sucessor de João Baptista Julião da cadeira n. 30 da ABM [*A modinha e o lundu no século XVIII* (uma pesquisa histórica e bibliográfica), de 1963], de Mozart Camargo Guarnieri, fundador da cadeira n. 23 [colaborador de *150 anos de música no Brasil (1800-1950)*, de 1956], de Cleofe Person de Mattos, sucessora de Frei Pedro Sinzig e do Padre João Batista

tendo também compreender como as concepções de acadêmicos sobre música popular foram apropriadas por Vasco Mariz, antes de sua entrada na ABM, ou seja, analisar como as proposições dos membros da ABM traspassaram os muros da Casa de Villa-Lobos. O *corpus* documental abarca estudos publicados sobre música entre o final da década de 1940 e o início da década de 1980 em livros, revistas especializadas e monografias. Outra forma de identificar a apropriação das propostas sobre música popular será consultar o veículo mais dinâmico de divulgação dos textos dos atuais acadêmicos: o periódico *Brasiliana*, publicado pela ABM desde 1999.

Os textos de historiadores diletantes possuem circulação mais abrangente do que os produzidos estritamente para divulgação acadêmica, por isso podem ser definidos como "história de ampla circulação", a qual responde questões ligadas ao senso comum ou ao imaginário social contemporâneo, com uma linha de desenvolvimento unitário formada por panteão de heróis. Essa modalidade não acadêmica de escrita da história orienta-se pelas crenças do público para o qual é dirigida e conta com um princípio organizador simples para a narrativa, ao passo que a "história acadêmica", regulada pelo ofício e pelo método, estrutura-se por sistema de hipóteses. A primeira modalidade pode ser definida como história de impacto público, de amplo alcance, enquanto a segunda está voltada a um público mais restrito de interessados — os pesquisadores universitários. Em ambos os casos, "fala-se de passado sem suspender o presente e, muitas vezes, implicando também o futuro" (Sarlo, 2007:12).

O mapeamento das "famílias intelectuais" permite a aproximação de diferentes perspectivas estéticas e ideológicas a respeito da música

Lehmann na cadeira n. 5 [colaboradora da *Bibliografia musical brasileira*, de 1952, *Catálogo temático das obras do padre José Maurício Nunes Garcia*, de 1970], de Oneyda Alvarenga, fundadora da cadeira n. 4 [*Música popular brasileira*, de 1950], de Ayres de Andrade Jr., fundador da cadeira n. 25 [*Francisco Manuel da Silva e seu tempo 1808-1865*: uma fase do passado musical do Rio de Janeiro à luz de novos documentos, de 1967], de Andrade Muricy, fundador da cadeira e segundo presidente da ABM [*Villa-Lobos, uma interpretação*, de 1961], de César Guerra-Peixe, sucessor de Newton Pádua na cadeira n. 34 [*Maracatus do Recife*, de 1955] e de Luiz Heitor Correa de Azevedo, fundador da cadeira n. 22 [*Música do tempo desta casa* e *Música e músicos do Brasil*, ambos de 1950, *Bibliografia musical brasileira*, de 1952, *La musique en Amérique Latine*, de 1954, *Ponto de história da música*, de 1956, *150 anos de música no Brasil (1800-1950)*, de 1956].

brasileira. Com essas reflexões a respeito do modo como tais linhagens foram constituídas, será possível identificar os responsáveis pelas matrizes teóricas que definiram premissas e promover um aprofundamento das hipóteses sobre a análise dos autores que defendem a "tradição", "prolongando-a, reinterpretando-a, renovando-a e, no limite, reinventando-a" (Brandão, 2005:238). Os "clássicos" de uma literatura específica formam limites das disciplinas e circunscrevem problemáticas, ou seja, o reconhecimento consensual de seu *status privilegiado* "implica um ponto de referência comum" (Alexander, 1999:46).

A orientação metodológica da análise textual estará afastada da proposta de reconstituição das intenções primárias dos autores. Embora o olhar esteja voltado ao estudo do contexto histórico, a ambiência intelectual não será tratada como reflexo passível de ser encontrado nos textos. Ao explorar o *corpus* documental em consonância com a análise das atividades dos autores, este projeto busca alcançar maior compreensão do contexto histórico de produção e de circulação de ideias sobre as origens da música brasileira sem atrelar mecanicamente "texto" e "contexto".

Para esse rastreamento de formulações sobre a categoria "música popular", os textos serão tomados como fontes privilegiadas de reflexão sobre a criação do sentido histórico. Se o tema da "intencionalidade" dos autores aparece em Quentin Skinner e outros autores da chamada Escola de Cambridge, prefiro acompanhar a crítica às premissas do "leitor originário" presente na oposição de Gadamer (2007) às proposições diretamente associadas à tradição da hermenêutica romântica legatária de Friedrich Schleiermacher. Gadamer afirma que a intencionalidade do autor não é algo que possa ser recuperado, por isso o objetivo da hermenêutica, entendida como procedimento analítico, é compreender o texto, a situação histórica do autor e do intérprete.

"A experiência passada é encapsulada nas regras de uma instituição" (Douglas, 2007:57), a qual é entendida como espaço de promoção de controles de incerteza, de operação das classificações e dos rótulos estipulados pela convenção que também sustenta o culto aos ancestrais.[15] Para compreender o sentido constitutivo do fenômeno histórico, de-

[15] O recorte histórico, portanto, cria uma aparente estabilidade com a noção de período. Deve ser evitada a transformação do período em totalidade abstrata ou expressão

vemos tomar as ciências históricas como dotadas de especificidade e a história como "nexo de sentido que supera o horizonte vivencial do indivíduo" (Gadamer, 2007:450). Segundo os princípios da hermenêutica, entendida como "arte de compreender textos", "o texto não é um objeto dado". Assim como o fato histórico — singular e único, sem possibilidade de generalização pela uniformidade ou pela regularidade —, o texto está intrinsecamente relacionado com um sistema de valores culturais específicos e com determinada conjuntura histórica.

Referências

ALEXANDER, Jeffrey C. A importância dos clássicos. In: GIDDENS, Anthony; TURNER, Jonathan (Org.). *Teoria social hoje*. São Paulo: Editora Unesp, 1999.

BOURDIEU, Pierre. L'illusion biographique. *Actes de la Recherche en Sciences Sociales*, v. 62-63, 1986.

____. *Le mort saisit le vif.* As relações entre a história reificada e a história incorporada. In: ____. *Poder simbólico*. 13. ed. Rio de Janeiro: Bertrand Brasil, 2010.

BRANDÃO, Gildo Marçal. Linhagens do pensamento político brasileiro. *Dados*, Rio de Janeiro, v. 48, 2005.

CONTIER, Arnaldo Daraya. O nacional na música erudita brasileira: Mário de Andrade e questão da identidade nacional. *Fênix: Revista de História e Estudos Culturais*, Uberlândia, v. 1, n. 1, 2004.

DOUGLAS, Mary. *Como as instituições pensam*. São Paulo: Editora da Universidade de São Paulo, 2007.

EL FAR, Alessandra. "A presença dos ausentes": a tarefa acadêmica de criar e perpetuar vultos literários. *Estudos Históricos*, Rio de Janeiro, n. 25, 2000.

FELDMAN, Luiz. Um clássico por amadurecimento: *Raízes do Brasil*. *Revista Brasileira de Ciências Sociais*, São Paulo, v. 28, n. 82, 2013.

GADAMER, Hans-Georg. *Verdade e método II*: complementos e índice. Tradução de Enio Paulo Giachini. 3. ed. Petrópolis: Vozes; Bragança Paulista: Editora Universitária São Francisco, 2007.

GENETTE, Gérard. *Paratextos editoriais*. Cotia: Ateliê Editorial, 2009.

de uma "visão de mundo, um estilo de época ou um conjunto de categorias estruturais que marcariam de cima a baixo o 'período'" (Jameson, 1992:24).

HALBWACHS, Maurice. *A memória coletiva*. São Paulo: Vértice, 1990.

HUGHES, H. Stuart. *Conciencia y sociedad*: la reorientación del pensamiento social europeo, 1890-1930. Madri: Aguilar, 1972.

JAMESON, Fredric. *O inconsciente político*. A narrativa como ato socialmente simbólico. São Paulo: Ática, 1992.

MARIZ, Vasco. *Vasco Mariz*: catálogo de obras. Rio de Janeiro: ABM, 2013.

MILLS, Charles Wright. *A imaginação sociológica*. Rio de Janeiro: Zahar, 1969.

NAPOLITANO, Marcos; WASSERMAN, Maria Clara. Desde que o samba é samba: a questão das origens no debate historiográfico sobre a música popular brasileira. *Revista Brasileira de História*, São Paulo, v. 20, n. 39, p. 167-189, 2000.

OLIVEIRA, Lúcia Lippi; VELLOSO, Mônica Pimenta; GOMES, Angela de Castro. *Estado Novo*: ideologia e poder. Rio de Janeiro: Zahar, 1982.

OLIVEIRA FILHO, João Pacheco de. Os atalhos da magia: reflexões sobre o relato dos naturalistas viajantes na etnografia indígena. *Boletim do Museu Emilio Goeldi*, Belém, v. 3, n. 2, 1987.

POLLAK, Michael. Memória, esquecimento, silêncio. *Estudos Históricos*, Rio de Janeiro, v. 2, n. 3, 1989.

RODRIGUES, João Paulo Coelho de Souza. *A dança das cadeiras*: literatura e política na Academia Brasileira de Letras (1896-1913). Campinas: Editora da Unicamp, 2003.

SARLO, Beatriz. *Tempo passado*: cultura da memória e guinada subjetiva. São Paulo: Companhia das Letras, 2007.

SQUEFF, Enio; WISNIK, José Miguel. *O nacional-popular na cultura brasileira*: música. 2. ed. São Paulo: Companhia das Letras, 1987.

TRAVASSOS, Elizabeth. *Modernismo e música brasileira*. 2. ed. Rio de Janeiro: Jorge Zahar, 2000.

Sobre os autores

GUSTAVO MESQUITA

Doutorando em história social na Universidade de São Paulo (USP). Orientadora: professora doutora Elizabeth Cancelli.

IDELBER AVELAR

Doutor em estudos latino-americanos pela Universidade de Duke, nos Estados Unidos. Desde 2005, é professor da Universidade de Tulane, nos EUA, no departamento de Espanhol e Português. Autor, entre outros, do livro *Figuras da violência: ensaios sobre narrativa, ética e música* (Editora UFMG, 2011).

LÍVIA DE AZEVEDO SILVEIRA RANGEL

Doutoranda em história social pela Universidade de São Paulo. Bolsista CNPq.

LORENNA RIBEIRO ZEM EL-DINE

Doutoranda do Programa de Pós-Graduação em História das Ciências e da Saúde da Casa de Oswaldo Cruz, sob a orientação do professor doutor Robert Wegner, e bolsista da Fundação Carlos Chagas Filho de Amparo à Pesquisa do Estado do Rio de Janeiro (Faperj).

LUÃ FERREIRA LEAL

É doutorando no Programa de Pós-Graduação em Sociologia (IFCH/Unicamp) e mestre pela mesma instituição. Graduado em ciências sociais pela Escola de Ciências Sociais do CPDOC/FGV. Orientadora: professora doutora Mariana Miggiolaro Chaguri. Agências de fomento: Capes (de abril a novembro de 2015) e Fapesp.

LUIZ FELIPE DE ALENCASTRO

Doutor em história pela Universidade de Paris-Nanterre. Foi professor do Instituto de Economia da Unicamp e pesquisador do Cebrap. Lecionou na cátedra de História do Brasil na Universidade de Paris IV — Sorbonne. É autor de *O trato dos viventes: formação do Brasil no Atlântico Sul — séculos XVI e XVII*.

MARIA LÚCIA PALLARES-BURKE

Doutora e livre-docente pela Faculdade de Educação da Universidade de São Paulo. Desde 1996, é professora associada ao Centro de Estudos Latino-Americanos da Universidade de Cambridge. É autora de premiadas obras dedicadas a Gilberto Freyre, como *Um vitoriano nos trópicos* (Editora Unesp, 2005).

VINICIUS MARIANO DE CARVALHO

Doutor em literatura pela Universidade de Passau, na Alemanha. Entre 2010 e 2014, atuou como professor no Departamento de Artes da Universidade de Aarhus, na Dinamarca. Atualmente, leciona estudos brasileiros no Brazil Institute, do King's College, de Londres. É autor do livro *Fora da poesia não há salvação*, sobre a obra poética de Mário Quintana.

Sobre os organizadores

BERNARDO BUARQUE DE HOLLANDA

Doutor em história pela PUC-Rio (2008), com pós-doutorado na Maison des Sciences de l'Homme (MSH-Paris), em 2009. Professor da Escola de Ciências Sociais (CPDOC/FGV) e pesquisador do CNPq. É organizador do livro *Rubem Braga: bilhete a um candidato & outras crônicas sobre política brasileira* (Autêntica, 2016).

JOÃO MARCELO MAIA

Doutor em sociologia pelo Iuperj (2006). É professor e coordenador de graduação da Escola de Ciências Sociais (CPDOC/FGV). É pesquisador do CNPq e autor da obra premiada *A terra como invenção: o espaço no pensamento social brasileiro* (Zahar, 2008).

Anexo

Trabalhos selecionados para o V Ateliê Internacional do Pensamento Social 2015

OS QUADROS a seguir apresentam uma listagem com os nomes dos 21 participantes, com a indicação de sua vinculação institucional e dos temas dos projetos propostos e discutidos no segundo dia de atividades do Ateliê, em 11 de setembro daquele ano, juntamente com os professores convidados a comentar. A lista procura evidenciar a diversidade de instituições, programas, cidades de origem e temáticas contempladas no encontro.

Grupo 1: **Coordenadores da Mesa: professor Bernardo Buarque (CPDOC/FGV) e professor Vinícius Mariano de Carvalho (King's College/Brazil's Institute — Londres)**

Nome	Pós-Graduação	Instituição	Título do Projeto
Aline Cotrim	Mestranda em história das ciências	Fundação Oswaldo Cruz/Fiocruz	A sociologia de Hiroshi Saito
Ana Cristina Santos Matos Rocha	Doutoranda em história das ciências	Fundação Oswaldo Cruz/Fiocruz	Quatro brasileiros em Nova York: relações internacionais e educação no Brasil (1927-35)
Camila Teixeira Lima	Doutoranda em sociologia	Universidade Estadual de Campinas (Unicamp)	Lições da pedra: modernidade pela margem na literatura sertaneja contemporânea
Gabriel de Paula	Doutorando em história	Universidade Federal de Goiás	Bernardo Élis: o imortal e o campo intelectual em Goiás (1940-80)
Henrique Pasti	Doutorando em sociologia	Universidade Estadual de Campinas (Unicamp)	A *filosofia do dinheiro* de Georg Simmel: um capítulo na história da noção de alienação
Lorenna Ribeiro Zem El-Dine	Mestranda em história das ciências	Fundação Oswaldo Cruz/Fiocruz	Um novo romantismo: o debate entre arte e ciência no modernismo verde-amarelo dos anos 1920
Luã Ferreira Leal	Doutorando em sociologia	Universidade Estadual de Campinas (Unicamp)	O "popular" na pauta da Academia Brasileira de Música
Paula Mirana de Souza Ramos	Doutoranda em cultura e sociedade	Universidade Federal do Amazonas (Ufam)	Ressonâncias da política na literatura amazonense
Rafael Balseiro Zin	Mestrando em ciências sociais	Pontifícia Universidade Católica de São Paulo (PUC-SP)	Ser mulher, negra e escritora no Brasil dos oitocentos: a trajetória intelectual de Maria Firmina dos Reis (1825-1917) nos primeiros registros da literatura feminina, abolicionista e afro-brasileira
Rodrigo Gonçalves Benevenuto	Mestrando em história	Fundação Getulio Vargas (CPDOC/FGV)	Formulações iniciais sobre uma quebrada paulistana: Jaraguá

Grupo 2: Coordenadores da Mesa: professor João Marcelo Maia (CPDOC-FGV) e professor Idelber Avelar (Dep. Espanhol-Português/Tulane University)

Nome	Pós-Graduação	Instituição	Título do Projeto
Felipe Fontana	Doutorando em ciência política	Universidade Federal de São Carlos (UFSCar)	Teoria e prática em Oliveira Vianna como consultor jurídico no Ministério do Trabalho, Indústria e Comércio (1932-40)
Felipe Brito Macedo	Mestrando em sociologia	Instituto de Estudos Sociais e Políticos (Iesp-Uerj)	Análise de periódicos para o mapeamento de redes intelectuais e agendas de debate periféricos no pós-Guerra: estudos de caso em África e América Latina
Gustavo Mesquita	Doutorando em história social	Universidade de São Paulo (USP)	Florestan Fernandes e os caminhos do antirracismo no Brasil
Gustavo Louis Henrique Pinto	Doutorando em ciência política	Universidade Federal de São Carlos (UFSCar)	Teoria do subdesenvolvimento e projeto desenvolvimentista: política e mudança social no pensamento de Celso Furtado e José Medina Echavarría
Lívia de Azevedo Silveira Rangel	Doutoranda em história	Universidade de São Paulo (USP)	Itinerários latino-americanos: Intercâmbio e produção cultural na trajetória de Lídia Besouchet e Newton Freitas no exílio rio-platense (1938-50)
Luiz Fernando de Souza Santos	Doutorando em sociologia	Universidade Estadual de Campinas (Unicamp)	Entre o mágico e o cruel: a Amazônia no pensamento marxista brasileiro
Marianna de Aguiar Estevam do Carmo	Mestranda em política social	Universidade Federal Fluminense (UFF)	Análise do processo de formulação de políticas públicas de formação profissional no campo: estudo de caso do Pronatec Campo

Nome	Pós-Graduação	Instituição	Título do Projeto
Mario Luis Grangeia	Doutorando em sociologia	Universidade Federal do Rio de Janeiro (UFRJ)	Desigualdades e discurso oficial no Brasil
Milton Andreza dos Reis	Doutorando em ciências sociais	Universidade Estadual de São Paulo (Unesp)	O outro Ocidente: o pensamento político de Raymundo Faoro
Rafael Marchesan Tauil	Doutorando em ciência política	Universidade Federal de São Carlos (UFSCar)	Intelectuais e política no Brasil: da teoria do populismo à reconciliação com a tradição republicana na interpretação de Francisco Weffort
Teresa de Souza Ramos	Doutoranda em sociedade e cultura	Universidade Federal do Amazonas (Ufam)	A herança euclidiana no pensamento de Leandro Tocantins

Esta obra foi produzida nas
oficinas da Imos Gráfica e Editora na
cidade do Rio de Janeiro